Franzius

Petra Liermann

WIND
IN IHREN HAAREN

DIE FORTSETZUNG VON

SAND IN IHREN SCHUHEN

Roman

2021

Ein Buch aus dem FRANZIUS VERLAG

Buchumschlag: Jacqueline Spieweg
Verantwortlich für den Inhalt des Textes
ist die Autorin Petra Liermann
Satz, Herstellung und Verlag: Franzius Verlag
Druck und Bindung: BoD, Norderstedt

4. überarbeitete Auflage

ISBN 978-3-96050-013-1

Die Deutsche Nationalbibliothek verzeichnet diese Publikation in der Deutschen Nationalbibliografie; detaillierte bibliografische Daten sind im Internet über http://dnb.dnb.de abrufbar.

INHALT

Im Alter von 30 Jahren wanderte Petra nach Ägypten aus, da sie ihre Bestimmung weder in Deutschland noch im öffentlichen Dienst sah. In Ägypten lernte sie zunächst ihren Traumpartner kennen, den sie jedoch verschmähte. Danach traf sie ihren späteren Ehemann Sayed, mit dem sie über sechs Jahre eine meist sehr harmonische Ehe führte. Das Glück wurde durch die Geburt der gemeinsamen Tochter perfekt, bis Petra herausfand, dass ihr Mann einen Fehler begangen hatte, der für ihrer aller Leben schwerwiegende Folgen bereithielt: Sayed musste seinen »Fehltritt« heiraten und eine Zeit voller Leid, Gewalt und enttäuschter Hoffnungen begann. Diese gipfelte nicht nur in Petras Flucht aus Ägypten, um das Leben ihrer Tochter zu retten. Die Geschichte zeigt auch den oft schmerzhaften Weg der Selbstfindung und Liebe zu sich selbst und dem Leben.

Nachdem sich Petra von Ihrem Mann scheiden ließ, verstärkten sich die Bedrohungen durch ihn weiter. Zurück in Deutschland folgten sowohl Telefonterror als auch Todesdrohungen gegen Freunde und Familienangehörige der Anwälte – bis heute.

ISBN 978-3-945509-30-2

Vorwort

Da ist sie nun endlich, die Fortsetzung von »Sand in ihren Schuhen«. Lange Zeit habe ich dieses Buch vor mir hergeschoben, weil immer noch ein Puzzleteil fehlte, das das Bild komplettiert hätte. Am Ende habe ich mich entschlossen, eine Kombination aus biografischem Roman und reiner Fiktion zu verfassen. Viele Charaktere spielen heute eine wesentliche Rolle in meinem Leben, sind aber aus verschiedensten Gründen bis zur Unkenntlichkeit von mir verändert worden. Manche, weil sie einfach nur das Pech hatten, ungewollt in meinem Leben eine wichtige Rolle einzunehmen, und ich ihr Leben hierfür nicht der Öffentlichkeit preisgeben will, andere, weil sie sich noch immer in Situationen befinden, die lebensgefährlich sind und aus denen sie sich befreien müssen, bevor ihre Gedanken und Pläne erkennbar werden.

Denjenigen, die aus meinen fehlenden Beschreibungen über das Leben meiner Tochter schlussfolgern mögen, dass ich ein egozentrischer Mensch bin, sei vorab gesagt, dass es mir in beiden biografischen Romanen um meine eigene Geschichte geht und auch zum Schutz meiner Tochter so wenig wie möglich zu ihrer Person geschrieben wurde. Wenn sie einmal alt genug ist, wird sie selbst entscheiden dürfen, wie viel sie von ihrem Leben mit der Öffentlichkeit teilen möchte. Diese Entscheidung will und werde ich ihr nicht abnehmen.

Und nun wünsche ich Ihnen viel Freude beim Lesen von »Wind in den Haaren«!

Herzlichst,
Ihre Petra Liermann

Kapitel 1

Nichts im Leben geschieht ohne Grund! Nicht die kleinste Kleinigkeit ist ohne Sinn und meist erkennt man erst sehr viel später, warum es denn so war wie es war. Und ist man zudem sich selbst gegenüber ein wenig ehrlich, erkennt man ebenfalls, dass die Anderen selten die Bösen sind, sondern man selbst jede Menge dazu beigetragen hat, dass es denn so geworden ist, wie es ist.

Auch meine knapp zehn Jahre andauernde Erfahrung mit einem Leben in Ägypten an der Seite eines moslemischen Mannes hatte dazu beigetragen, dass ich endlich zu dieser Erkenntnis gelangt war. Obwohl ich ehrlicherweise sagen muss, dass das »moslemisch« weniger das Problem war als der Mann selbst. Ich war voller Euphorie ausgewandert, hatte meinen Beamtenjob an den Nagel gehängt und war in ein Land gezogen, das von den meisten Menschen als einigermaßen frauenfeindlich eingestuft wird. Meine Heirat mit Sayed hatte nicht nur bei meiner Mutter besorgte Blicke und mehr ausgelöst, sondern auch bei meinen Freunden und Bekannten, soweit sie mir nach meinem Umzug erhalten geblieben waren. Nicht deren Erwartungen entsprechend verlaufen war dann die weitere Entwicklung, denn wir waren scheinbar glücklich, bekamen eine Tochter und bildeten, oberflächlich gesehen, eine Traumfamilie.

Jahre später erkannte ich, wie viele Hinweise und Warnungen ich ignoriert hatte. Bis heute weiß ich nicht genau, wie ich übersehen konnte, wie viele andere Frauen mein Mann in unserer gemeinsamen Zeit beglückte, und was mich dazu bewogen hatte, neben einer zweiten Ehefrau zu leben. Doch ich schaffte es, nahm die Gewaltausbrüche der anderen Frau gegenüber hin und setzte riesengroße Scheuklappen auf, die es mir ermöglichten, an einen guten Ausgang der Geschichte zu glauben.

Erst einige Wochen nach der Flucht mit meiner Tochter nach Deutschland, nachdem die Gewalt auch auf mich übergegriffen hatte, verstand ich, dass ich nur sehr knapp dem Tod entronnen war. Es dauerte weitere Wochen, bis ich bereit war zu erkennen, dass ich selbst mich nicht annähernd genug liebte, ja, sogar respektierte, um eine neue Beziehung zu führen, geschweige denn ein glückliches Leben.

Und so saß ich in Deutschland, zwar mit der Erkenntnis, dass ich wirklich und ernsthaft an mir arbeiten musste, jedoch ohne großartige Perspektive. Eine 40jährige Frau, alleinerziehend, mit einem traumatisierten Kindergartenkind, zwei Hunden und Hartz IV, einem vierfachen Bandscheibenvorfall, Asthma und Arthrose war weder der Traum eines jeden Arbeitgebers, noch besonders flexibel. Lange Zeit machte ich mir vor, dass ich mich einfach scheiden lassen könnte, meine Eigentumswohnung in Ägypten verkaufen würde und Sayed seine gerechte Strafe bekäme, während ich von dem Erlös des Verkaufs der Wohnung ein schönes, neues Leben, natürlich wieder in Ägypten, finanzieren würde. Immerhin war dort auch Karim, der Mann, der uns geholfen hatte zu fliehen und der nun mein neuer Traumpartner war.

Doch die Monate zogen ins Land und es passierte nichts. Weder in die eine, noch in die andere Richtung. Zwei Jahre nach unserer Flucht stand ich Sayed – inzwischen mein Ex-

Ehemann – im Büro meines Anwalts in Hurghada gegenüber und musste feststellen, dass dieser nicht nur völlig in seiner Lügenwelt gefangen war, sondern auch nicht willens, sich meinen Plänen anzupassen. Und so flog ich unverrichteter Dinge wieder nach Hause in der Gewissheit, dass ich noch einmal bei null anfangen und meine Planung neu gestalten musste.

Schon sehr bald war mir klar, dass ich auch mit Karim einen Mann an meiner Seite hatte, der mich mehr aufhielt als vorwärts brachte. Ja, es war sehr schmeichelhaft, einen gutaussehenden, fünfzehn Jahre jüngeren Mann zum Partner zu haben, der mich so offensichtlich liebte und jeden nur möglichen Beweis seiner Liebe erbracht hatte, und ja, es war genauso nett, von einem Mann derart angehimmelt zu werden. Ich bestritt auch zu keiner Zeit meine Gefühle für ihn, die durchaus tief gingen. Nach meiner Flucht aus Ägypten hatte Karim meine Gedanken und Gefühle beherrscht. Ich war verliebt gewesen wie selten, wünschte mir eine gemeinsame Zukunft und versuchte, Möglichkeiten zu finden, ihn zu mir zu bringen. Umso mehr hatte mich getroffen, dass er nicht bereit gewesen war, sich von seiner deutschen Ehefrau scheiden zu lassen und damit die Grundvoraussetzung dafür zu schaffen, dass wir zusammen sein konnten. Immer wieder hatte er neue Ausreden gefunden und eine Entscheidung verschoben. Es hatte mir wehgetan, als er auch ein letztes Ultimatum meinerseits in Bezug auf seine Trennung von seiner Frau verstreichen ließ und mich dazu noch als verständnislose Frau bezeichnete, nur weil ich nach meiner Erfahrung mit Sayed für einen Mann die einzige in seinem Leben sein wollte. Es war zwar noch nicht ganz in mein Gefühl gedrungen, doch mein Kopf hatte verstanden, dass ich nicht noch einmal eine zweite Frau neben mir akzeptieren durfte und ich es wert war, die einzige im Leben eines Mannes zu sein. Ich war am Boden zerstört gewesen, hatte mich gefragt, ob Karim mich doch nicht genug liebte, ob ich vielleicht einfach nicht liebenswert war. Aber irgendwann siegte mein neu gewonnener Respekt mir selbst gegenüber und ich hielt die Trennung durch, immer in der Hoffnung, dass alles, was mich wirklich liebt, immer zu mir zurückkehren wird. Es dauerte bis kurz vor meiner Reise nach Ägypten mehr als ein Jahr später, bis dies geschah. Und ich war vorsichtig. Ich wollte nicht schon wieder eine Erfahrung machen, die mir zeigte, dass ich immer noch Männer anzog, die sich nicht für mich entscheiden konnten und generell unfähig waren, Entscheidungen zu treffen. Außerdem hatte ich mich weiterentwickelt und war kompromisslos in Bezug auf mein Glück geworden. Ich wollte mich nicht verändern müssen, um mit einem Mann zusammen zu sein. Doch die alte Verliebtheit kam wieder hoch und ich fand Karim immer noch sehr attraktiv und anziehend.

Spätestens in Ägypten wurde mir dann klar, wie wichtig Karim mir war. Er war der Fels in der Brandung, als ich nach dem Treffen mit Sayed in der Anwaltskanzlei völlig aufgelöst ins Hotel zurückkam, und er tat mir gut. Auch nach meiner Heimkehr und nachdem er mir durch die Scheidung von seiner Frau gezeigt hatte, wie wichtig ich ihm war, begann ich zu denken, dass er vielleicht doch der Mann fürs Leben sein konnte. Er hatte gelernt, alles an mir zu respektieren, hatte aus alten Problemen zwischen uns gelernt und ging erstaunlich gut mit meinem offenen Leben in Deutschland um, was ich von ihm nie erwartet hätte.

Ich fühlte mich rundherum wohl mit ihm, wenn da nicht knapp 5.000 Kilometer zwischen uns gewesen wären, die mich oft leiden ließen. Manchmal war die Sehnsucht einfach zu groß und Karims Pessimismus, der ihn glauben ließ, dass wir niemals zusammen sein würden, sorgte dafür, dass wir auch unsere schlechten Phasen hatten. Außerdem gab es da einen winzigen Teil in mir, der mich zweifeln ließ. Einen Teil, den ich gerne ignorierte, weil ich wusste, dass er gefährlich für meine Beziehung zu Karim sein konnte. Ich hatte ein Jahr nach meiner Rückkehr nach Deutschland unerwartet und plötzlich nämlich eine alles verändernde Erfahrung machen müssen:

Ich ging mit meinen Hunden spazieren. Wie immer, wie jeden Tag und wie schon hunderte von Malen vorher liefen wir eine kleine Runde in der Nähe unseres Hauses. Warum mir der Mann, der an diesem Tage mein Leben verändern sollte, nicht schon vorher aufgefallen war, wird wohl für immer ein Geheimnis bleiben. An diesem besonderen Tag jedenfalls fiel er mir auf. Und ich ihm. Schlank, attraktiv, vielleicht Mitte 40, mit grau werdenden Haaren, aber deutlich von der konservativeren Sorte war er eigentlich nicht ganz der Typ Mann, der mir sonst gefiel. Vielleicht blieb ich auch nur stehen, weil unsere Hunde sich mochten, was bei meinen beiden an ein Wunder grenzte. Auf jeden Fall standen wir uns plötzlich auf einer kleinen Wiese gegenüber, grüßten uns und realisierten zeitgleich unser Herzklopfen. Wir starrten uns sekundenlang einfach nur an und fanden die einfachsten Worte nicht, um einen normalen Smalltalk unter Hundebesitzern zu beginnen. Und als wir uns endlich soweit gefangen und unser Gehirn wieder eingeschaltet hatten, dass wir reden konnten, schauten wir lieber unseren Hunden zu, als den anderen anzusehen.

Ich kam mir vor wie ein Teenager. Gleichzeitig konnte ich aber nicht ignorieren, dass mein Blutdruck um ein Vielfaches angestiegen war, und mein nicht sehr intelligent wirkendes Grinsen im Gesicht hatte sich auch Stunden später noch nicht verflüchtigt. Ich zitterte tatsächlich, wusste nicht, was ich da eigentlich redete, schalt mich aber gleichzeitig eine Idiotin, weil ich mich so linkisch anstellte. Und war froh, dass sein sich ständig abwendender Blick ebenso von Nervosität sprach.

Am nächsten Tag achtete ich darauf, genau um dieselbe Uhrzeit genau denselben Weg zu gehen. Und tatsächlich: Er war wieder da. Bei diesem Treffen unterhielten wir uns, wobei ich ihm seine Nervosität nun mehr als deutlich anmerkte. Von meiner ganz zu schweigen, die sich zum vorherigen Tag noch gesteigert hatte. Doch gleichzeitig hatte ich ein Gefühl, das einem »nach Hause kommen« glich. Ich fühlte mich angekommen, absolut und rundherum zufrieden. Ich wäre am liebsten gar nicht mehr nach Hause gegangen.

Er hieß Stefan und ich hatte sehr wohl seinen Ehering bemerkt, doch da er sowieso so gar nicht meinem Typ Mann entsprach und ich auch nicht nach einer Beziehung suchte, störte mich das wenig. Zwar machte ich mir Gedanken, warum ich so komisch reagierte, doch unterschieden sich meine Gefühle derart von meinen sonst üblichen bei Männern, die in die Kategorie »mögliche Beziehung« fielen, dass ich mir anfangs darüber gar keine Gedanken machte. Nach diesem ersten, dann doch weniger zufällig herbeigeführten Treffen folgten weitere und wir unterhielten uns immer länger und ausführlicher, wobei wir schnell bei meiner Geschichte mit Ägypten waren und meinen daraus resultierenden Erkenntnissen.

Schon das erste Gespräch hatte in mir ein wundervolles Gefühl erzeugt, doch beim zweiten war ich endlich da angekommen, wo mich eigentlich meine inzwischen regelmäßigen Meditationen hätten hinbringen sollen: in meiner absoluten Mitte. Noch Stunden später hatte ich das Gefühl, dass alles genau so, wie es war, richtig war, dass alles gut war, jedes noch so kleine Puzzleteil meines Lebens sich genau an dem Ort befand, wo es sein sollte. Ein unglaubliches Gefühl, das leider aber nicht lange anhielt. Es war von Stefan abhängig. Erst nach einigen Treffen gestand ich mir ein, dass meine Theorie, einen anderen Menschen nur dann lieben zu können, wenn man sich selber liebt, wohl hier die Ausnahme von der Regel gefunden hatte.

Ich hatte mich einfach fragen müssen, was das war, was zwischen Stefan und mir war. Es war so ungewöhnlich, so außergewöhnlich und so einmalig. Ich hatte es einfach noch nie erlebt. Das erste Mal in meinem Leben war mir das Wohl eines anderen Menschen wichtiger als mein eigenes. Ich wollte ihn in Watte packen, ihn vor allen Schmerzen bewahren, ihn glücklich sehen. Hätte ich dafür aus einem Hochhaus springen müssen, wäre das auch kein Problem gewesen. Ich musste mir eingestehen, dass ich diesen Mann liebte, auch wenn ich ihn kaum kannte und er für mich mit Sicherheit nicht der Traummann war.

Nach dieser Erkenntnis war ich wie vor den Kopf geschlagen, war es doch eine Erfahrung, die ich mir immer gewünscht hatte. Sicher, ich war schon sehr verliebt gewesen, ich hatte ja sogar geheiratet. Aber irgendetwas hatte mich immer davor gewarnt, den Satz »Ich liebe dich« auszusprechen und ich war immer froh gewesen, dass es in der deutschen Sprache so viele verschiedene Möglichkeiten gab, diesen Satz zu umgehen. In Ägypten hatte das Englische dann Raum für Interpretationen gelassen, denn ein »I love you« sagte Alles und Nichts. Auch wenn ich bereit gewesen war, für Beziehungen bis zum Äußersten zu gehen, hatte es doch wenig mit Liebe zu tun gehabt und meistens war ich mir dessen auch bewusst gewesen. Und nun fühlte ich es. Es war einfach unglaublich.

Anfangs dachte ich, dass kein Mensch Liebe ablehnen könnte. Ich war der festen Überzeugung, dass alle Menschen, wenn sie diese Art von Liebe einmal gefunden haben, überhaupt keine andere Wahl hätten, als eine immerwährende, bis ans Lebensende andauernde Beziehung mit dem anderen einzugehen. Mit der Zeit musste ich jedoch einsehen, dass es auch anders ging. Eine schmerzhafte Lehre!

Stefan war verheiratet, seine Frau, genauso wie er, in christlich-konservativen Werten erzogen und seine Kinder zwar schon fast mit der Schule fertig, aber noch nicht aus dem Haus. Mit Mitte 40 hatte er sich sein Leben zwar nicht glücklich und rundherum zufrieden, aber bequem eingerichtet. Sein Job als Dozent an der nahegelegenen Universität machte ihm Freude. Ihm war nie ernsthaft in den Sinn gekommen, noch einmal einen ganz anderen Weg in seinem Leben zu gehen. Es klang immer wieder durch, dass die Ehe seit Jahren nur noch auf dem Papier bestand, aber auch, dass für beide eine Trennung oder gar Scheidung nie infrage kommen würde, da ein Versprechen gegenüber Gott nie gebrochen werden konnte und durfte.

Wir sprachen nie über unsere Gefühle dem anderen gegenüber, jedoch war deutlich erkennbar, dass es uns beiden gleich erging. Während ich es als Frage der Zeit ansah, wann wir endlich zusammen sein würden, probierte Stefan verschiedenste Methoden aus, mit seinen Gefühlen umzugehen: Mal behandelte er mich wie eine Bekannte, dann ignorierte er mich, selbst wenn wir aneinander vorbeigingen, und dann versuchte er es mit Freundschaft. Ich fiel regelmäßig von einem Hoch ins nächste Tief und hatte jeden Tag die Hoffnung, dass er endlich etwas sagen würde, dass wir zumindest über das reden könnten, was zwischen uns passierte. Wochenlang hoffte ich, konnte nachts nicht schlafen, wenn er sich für den nächsten Tag mit mir an der Hundewiese oder zum Kaffee verabredet hatte, und war umso enttäuschter, wenn er Zusagen nicht einhielt. Während er seinen Weg des Umgangs mit mir suchte, beschäftigte ich mich mit dem Thema Liebe und lernte. Ich lernte, dass Liebe keine Erwartungen an den anderen hat, dass sie dem anderen seinen Lebensweg lässt und dass sie vor allen Dingen immer einen Ausgleich zur Eigenliebe braucht. Ich lernte auch, dass ich Stefan fühlen konnte und es möglich war, gemeinsame Träume zu haben.

Beim Weihnachtsbaumverkauf, als ich mit Mariam gerade einen Baum aussuchte, fühlte sich mein Brustkorb plötzlich an, als ob er von einem Medizinball voll mit Freude getroffen worden wäre. Als ich erschrocken aufsah, erblickte ich – mindestens 30 Meter entfernt – Stefan, der mich lächelnd ansah. Kam er mir entgegen, wusste ich, lange bevor er vor mir stand und etwas sagte, wie es ihm ging. Und eines Freitagnachts träumte ich, dass ich mit Stefan auf einer Bank in einem Café sitzen würde. Er legte den Arm um meine Schulter und wollte mich küssen. Ich fragte ihn, ob er sicher sei, denn alle Menschen um uns herum könnten uns sehen und so würde er über seinen weiteren Weg entscheiden und seine Frau verlassen müssen. Er lächelte mich nur an und versicherte mir, dass er sich ganz sicher sei. Es war ein Traum, den ich nur zu gerne in die Realität umgesetzt gewusst hätte.

Nach dem Aufwachen war ich davon überzeugt, dass dieser Traum anders gewesen war als alle davor. Er fühlte sich real an und als ich auf unserer Abendrunde auf Stefan traf und ihm in die Augen sah, wusste ich, dass auch er den Traum geträumt hatte.

Doch irgendwann nach ein paar Monaten wurde mir die Unentschlossenheit von Stefan zu viel. Ich war meinen Weg gegangen, hatte meine Aufgaben an der Situation erkannt und gelernt und vor allen Dingen begriffen, dass ich immer wieder auf Männer stieß, die sich nicht entscheiden konnten. Und so ließ ich ihn in Liebe los. Ich konnte ihn lieben, aber meine Sehnsucht und meine Wünsche musste ich in eine andere Richtung lenken.

In der festen Überzeugung, dass es in jedem Fall einen Plan B gibt und Stefan sich niemals von seiner Komfortzone trennen würde, verabschiedete ich mich innerlich von ihm und ergänzte meine Liste mit Zielen um ein weiteres: Ich würde einen Partner finden, der mich und meine Tochter liebte und entschlussfreudig eine verbindliche Beziehung mit mir eingehen wollte. Kurz darauf erschien Karim wieder in meinem Leben.

Eine Zeitlang und besonders nach der Reise nach Ägypten ging auch alles gut. Ich redete mir ein, dass meine Gefühle für Karim völlig ausreichend wären, dass es eben nur einen Menschen im Leben geben könnte, den man so liebt, wie ich Stefan liebte, und dieser Mensch nun mal auch das Recht hätte, sich gegen eine Beziehung zu entscheiden, und dass ich mit Karim immerhin 99 Prozent davon erreichen könnte. Vielleicht hätte das alles sogar funktioniert, wenn wir nicht in einer derartig schwierigen Situation gesteckt hätte: Karim stand unter ständigem Druck durch Sayed, der immer noch beweisen wollte, dass Karim mir bei der Flucht geholfen und zudem während unserer Ehe mit mir eine Beziehung gehabt hatte. Weder die Deutsche Botschaft noch irgendeine andere Behörde oder Organisation war bereit, Karim zumindest ein Touristenvisum für Deutschland zu erteilen oder behilflich dabei zu sein, und ich konnte nach meinem letzten Besuch dort nicht mehr nach Ägypten. Wie man mir berichtet hatte, war Sayed kurz vor seiner Prügelattacke auf mich direkt vor meiner Flucht durch Hurghada und El Gouna gefahren und hatte jeden nach Kontakten in Europa zu Apothekern oder Ärzten gefragt, weil ich angeblich lebensnotwendige Medikamente bräuchte, ohne die ich nicht mehr lange zu leben hätte. Da ich nie derartige Medikamente gebraucht hatte, war mir klar, dass er eine einleuchtende Erklärung für den Fall meines Todes vorbereitet hatte, der ihm sehr gelegen gekommen wäre.

Es hatte mich schockiert und verletzt, dass er allen Ernstes meinen Tod geplant hatte. Doch da Sayed seitdem weder einsichtiger noch ruhiger geworden war und sein Leben immer mehr auf der Kippe stand, je länger ich mich mit Mariam außerhalb Ägyptens aufhielt, ging ich davon aus, dass ich bei meinem ersten Besuch großes Glück gehabt hatte, als ich das Land ein weiteres Mal lebend verlassen konnte. Ich war vielleicht ein wenig blauäugig nach Ägypten gereist, war im Nachhinein sehr erleichtert, dass nichts passiert war, aber guten Gewissens wiederholen konnte ich eine solche Reise nicht. Damit hätte ich mein Glück dann doch zu sehr herausgefordert und lebensmüde war ich nicht.

Den Berichten von Karim zufolge hatte sich außerdem Mariams Taufe in der katholischen Kirche sowie meine Rückkehr dorthin herumgesprochen und so würde kein Moslem in Ägypten auch nur mit der Wimper zucken, wenn Sayed meinem Leben ein Ende setzen würde. Mahmoud, mein ägyptischer Anwalt, hatte mir berichtet, dass Sayeds Mutter auf Erteilung des Sorgerechts für Mariam geklagt hatte und dass die Aussichten auf Erfolg gut stünden. Es war also sicherer, wenn ich Ägypten die nächsten Jahre nicht persönlich besuchte. Doch die Aussichten, dass Karim und ich uns irgendwann einmal im selben Land aufhalten würden, waren dadurch verschwindend gering. Während ich meine Überzeugung hatte, dass alles genau so passiert, wie es passieren soll und wie es gut für uns ist, erlag Karim seinem angeborenen Pessimismus. Ihm erschien alles sinnlos. Seine wenig aufbauende Grundeinstellung machte mir immer mehr zu schaffen, denn ich wollte glücklich sein und nicht viele Stunden am Tag deprimiert in Skype verbringen.

Ein Hoffnungsschimmer erschien dann aber am Horizont, als Karim einen sehr begehrten Deal angeboten bekam: Ein Bekannter eines Bekannten hatte ein Haus in der Nähe von Luxor und, wie fast jeder Hausbesitzer in dieser Gegend, zu Graben begonnen. Dabei war er auf eine Grabkammer gestoßen, in der sich zwei Sarkophage und eine Vielzahl goldener Statuen befanden. In Ägypten ist dies ein beliebter Weg, um wirklich reich zu werden. Das Land ist voll von Schätzen dieser Art und in bestimmten Gegenden ein Fund fast sicher. Meist fehlen den Grundbesitzern aber die finanziellen Mittel, um effektiv zu graben, aber wenn sie einmal fündig werden, können sie sicher sein, dass weder sie noch ein anderes Mitglied ihrer Familie jemals wieder arbeiten müssen.

Zwar ist der Verkauf von Artefakten illegal, doch hatte sich unter Moubarak ein System entwickelt, das auch nach der Revolution weiter funktionierte. Anstatt den Fund dem entsprechenden Ministerium zu melden, wie es vorgeschrieben war, wurde ein Vermittler kontaktiert, der einen Mann im Ministerium kannte, der wiederum Interessenten außerhalb Ägyptens kannte, die bereit waren, Millionen von US-Dollar dafür zu bezahlen. Während der Vermittler eine

Art Kaution, die von beiden Seiten hinterlegt werden musste, beaufsichtigte, schickte das Ministerium einen hochqualifizierten Archäologen zum Fundort, um den Wert des Grabes zu schätzen. Einigten sich beide Seiten auf einen Betrag, wurde dieser dem Vermittler übergeben, der meist stundenlang damit beschäftigt war, eine Vielzahl von Koffern voll mit Geld in einem Jeep zu zählen, während das Ministerium für einen Stromausfall im gesamten Dorf sorgte, die Polizei anwies, wegzusehen und in einer Nacht- und Nebelaktion das Grab leerräumte. In wenigen Stunden war die Familie um einen Betrag zwischen zehn und 80 Millionen Dollar reicher und der Vermittler erhielt zehn Prozent dieses Betrags.

Ironie war jedoch, dass keiner von den Geldmengen erfahren durfte. Meist musste der Vermittler sich gegen eine weitere, horrende Vermittlungsgebühr um einen Tausch des Geldes auf dem Schwarzmarkt in ägyptische Pfund kümmern. Keiner der angegangenen Kooperationspartner war ungefährlich. Jeder musste seine Identität schützen und somit sein Leben, denn auch, wenn hinter den meisten Transaktionen ein Regierungsmitglied stand, durfte dies dennoch nicht öffentlich bekannt werden.

Der Vermittler, der nun jede Identität kannte, war aus diesem Grunde in der gefährlichsten Position. Und genau die war Karim nun angeboten worden. Nach Schätzungen, die aufgrund eines Videos des Fundes abgegeben worden waren, war das ausgehobene Grab mindestens 40 Millionen US-Dollar wert. Der Besitzer wollte schnell verkaufen und Karims Kontakt in Kairo das Geschäft so schnell wie möglich über die Bühne bringen. Die Vermittlungsgebühr, die Karim erhalten sollte, hätte es uns sofort ermöglicht, ein Haus in Deutschland zu kaufen und unser Leben für die nächsten Jahrzehnte abzusichern. Ein Visum wäre mit dieser finanziellen Sicherheit kein Problem mehr gewesen.

Erstaunt hatte ich immer wieder zur Kenntnis genommen, dass Karim mit Ägyptern am Telefon verhandelte, die für europäische Botschaften Gebote für den Fund abgaben. Ich konnte kaum glauben, dass scheinbar gesittete Länder sich an derartig zwielichtigen Geschäften beteiligten, doch über Skype bekam ich immer wieder Anrufe mit, die mich eines Besseren belehrten. Karim war in dieser Zeit fast ausschließlich damit beschäftigt, mit diversen Menschen zu telefonieren, die an dem Geschäft beteiligt waren und meist hörte man schon alleine an der Tonlage, dass alle mit der Zeit angespannter und nervöser wurden. Ich hatte meine Bedenken, ob alles gutgehen würde. Immerhin war die Aktion alles andere als legal und auch wenn Moubarak nicht mehr an der Regierung war, waren seine Nachfolger nicht viel besser. Karim kannte inzwischen viele Namen und hatte einiges gegen Männer in wichtigen Positionen in der Hand. Gefährlicher ging es in Ägypten kaum. Doch schien dieses Geschäft die einzige Chance, dass wir irgendwann einmal zusammen sein könnten.

Als aber selbst nach Wochen der Verhandlungen ein Abschluss immer noch in weiter Ferne lag, wurde Karim immer frustrierter. Es lag weder am Verkäufer noch am Käufer. Beide Seiten hatten sich geeinigt und waren bereit. Doch immer wieder passierten unvorhergesehene Dinge: Der Gutachter hatte auf dem Weg einen Unfall, eine unerwartete Verlegung von Militäreinheiten machte die Straße unpassierbar für den Transporter oder der Verkäufer brach sich ein Bein. Langsam konnte man den Eindruck gewinnen, dass irgendeine Macht nicht wollte, dass dieses Geschäft abgeschlossen wurde. Als dann der Kontakt in Kairo für einige

Wochen außer Landes musste, wurde das Geschäft auf unbestimmte Zeit verschoben. Kurz darauf wurde der Verkäufer wegen angeblicher Steuerhinterziehung verhaftet und man legte seiner Familie nahe, bestimmte Besitztümer an die Regierung auszuhändigen, wenn ihnen sein Leben am Herzen liegen würde. Die Käufer waren zu nervös geworden und so suchte man den Geschäftsabschluss nun auf diese Art. Karim ging leer aus und konnte sogar noch dankbar sein, dass sein Schweigen angenommen wurde. Danach fiel Karim in ein emotionales Loch.

Kapitel 2

Die Frustration bei uns beiden war nach dieser Erfahrung groß. Es war in der Planungsphase schwer gewesen, sich mit mehreren Millionen zu beschäftigen und sich vorzustellen, wie ein Leben im finanziellen Überfluss wohl aussehen könnte und, ganz ehrlich, hatte wohl auch keiner von uns beiden ernsthaft jemals daran geglaubt, dass uns so etwas passieren würde. Noch schwieriger war es aber, dass die einzige Hoffnung, die wir über Wochen gehegt und gepflegt hatten, sich plötzlich in Nichts auflöste.

Während ich mich zumindest auf meinen beruflichen Neuanfang konzentrieren konnte – denn inzwischen hatte ich es bis zum Reiki-Meister und -Lehrer geschafft –, blieb Karim nur die Arbeitslosigkeit, ein Onkel, der ihn verfolgte und eine Familie, die ihn nicht mehr finanzieren konnte und gerne wieder in Hurghada in einem Hotel gesehen hätte, wo er jedoch nicht arbeiten konnte, weil ihm aufgrund seines letzten Beschäftigungsverhältnisses die Papiere fehlten. Unsere Lebensumstände waren also nicht nur sehr unterschiedlich, sondern auch noch schwer miteinander vereinbar. Karim hätte gerne den ganzen Tag mit mir in Skype verbracht, während ich mit Mariam, den Hunden, meinem Haushalt und der Arbeit gut beschäftigt war.

Mir wurde immer bewusster, dass sich dies auch nicht ändern würde, wenn Karim in Deutschland wäre. Was würde er hier machen? Den ganzen Tag vor dem Fernseher sitzen und darauf warten, dass ich mich mit ihm beschäftigen konnte? Ja, er hatte gelernt und verstanden, dass in Deutschland andere Regeln galten als in Ägypten und auch, dass er mich so sein lassen musste, wie ich war und wie ich mich wohlfühlte, aber glücklich war er trotzdem nicht damit. Immer mehr wurde mir klar, dass diese Beziehung keine wirklichen Überlebenschancen hatte. Doch aufgrund der Entfernung war es einerlei, ob wir sie als solche oder als Freundschaft betitelten. Auch kam ich mir undankbar vor, wenn ich die Beziehung beenden würde. Und es war ja auch nicht so, dass ich ihn nicht wollte. Aber alles sprach irgendwie dagegen. Trotzdem hielt ich, wie eigentlich immer in meinem Leben, an einer Beziehung fest, zu der ich mich entschieden hatte. Deshalb ließ ich alles, wie es war.

In dieser Situation erschien Stefan erneut auf der Bildfläche. Da wir so nah beieinander wohnten und unsere Spazierwege mit den Hunden identisch waren, hatten wir uns nicht gänzlich aus dem Weg gehen können, doch hatten wir es bei einem freundlichen Grüßen belassen. Nun sprach er mich an und wollte mit mir einen Kaffee trinken gehen. Ich merkte, dass sich etwas bei ihm verändert hatte, war mir jedoch auch darüber im Klaren, dass ich mich, offiziell zumindest, in einer anderen Beziehung befand. Doch ich stimmte zu. Zu sehr freute ich mich, ihn wiederzusehen, mit ihm Zeit zu verbringen und mit ihm zu reden. Sollte er sich entscheiden, seine Frau zu verlassen, würde ich nicht zögern, mich von Karim zu trennen. Bei unserem Treffen war Stefan erstaunlich entspannt und offen und ich wusste, dass wir dabei waren, einen unerwarteten Schritt in Richtung Beziehung zu gehen. Aber ich musste ehrlich zu ihm sein. Nach nun fast einem Jahr seit unserem ersten Treffen, in dem er die meiste Zeit vor mir weggelaufen war, hatte ich jedes Recht der Welt, mit einem anderen Mann zusammen zu sein, rechtfertigte ich mich unnötigerweise vor mir selbst. Nachdem wir also unser Zusammensein eine viertel Stunde genossen hatten, erwähnte ich Karim. Auf Stefans Frage hin, wer das denn sei, antwortete ich: »Nun ja, das ist der Mann, der Mariam und mir bei der Flucht geholfen hat und mit dem ich zusammen war, als ich in Deutschland ankam.« Vorsichtig und nur widerwillig fügte ich dann noch den Satz hinzu, der einmal mehr unser Verhältnis abkühlen lassen sollte.

»Ich war ja in Ägypten, letzten Juni, und wir haben uns da getroffen. Irgendwie sind wir seitdem in einer Art Beziehung. Aber mir ist schon etwas länger klar, dass es das eigentlich nicht ist und ich habe alles nur so gelassen, weil ich Karim nicht verletzen wollte und es ja sowieso keinen Unterschied macht aufgrund der räumlichen Entfernung.«

Ich wollte noch mehr erklären, fühlte, dass sich bei Stefan eine unsichtbare Mauer aufbaute und wurde fast panisch, weil ich so gerne endlich einen Schritt weiter gegangen wäre. Aber das Gesagte stand im Raum und mehr hatte ich gar nicht hinzufügen müssen. Sehr schnell erinnerte sich Stefan an einen Termin, den er offensichtlich vergessen hatte, und verabschiedete sich. Er hatte einen Grund gefunden, den Weg in meine Richtung nun doch nicht gehen zu müssen. Viele Tage fragte ich mich, ob ich nicht doch etwas hätte anders formulieren können, ob ich wirklich die Wahrheit hatte sagen müssen. Doch am Ende siegte mein Respekt vor mir selbst: Ich war so, wie ich war. Es gab nichts, für das ich mich schämen musste, nichts, das verheimlicht werden musste. Wenn Stefan mich wollte, musste er mich so nehmen, wie ich war. Ich ließ ihn – wieder einmal – innerlich ziehen.

Kapitel 3

In diesen Monaten nach dem Besuch in Ägypten entstand mein Buch. Ich hatte es schon einmal begonnen, doch sehr schnell festgestellt, dass ich mit mir selbst und meinen Gefühlen noch nicht im Reinen war. Es hatte hölzern gewirkt und ohne Tiefgang. Nachdem es jedoch nun geruht hatte und ich ehrlich zu mir selber sein konnte, begann ich einfach von vorne. Ich wusste, dass mir das Schreiben nicht nur bei der Vergangenheitsbewältigung helfen, sondern auch meinen Weg in die Zukunft leichter machen würde. Es fiel mir leicht, die ersten Jahre zu beschreiben. Doch immer wieder stockte ich bei der Schilderung meines letzten Jahres in Ägypten. Zu viele Dinge waren gleichzeitig passiert, manche Sachen zu unglaublich, als dass ich sie hätte adäquat beschreiben können. Oftmals merkte ich, dass meine Gefühle Sayed oder Marwa, seiner zweiten, nun einzigen Frau gegenüber, immer noch nicht vollkommen frei von Negativität waren und setzte mich wieder an die Arbeit mit mir selbst, bevor ich weiterschrieb.

Ich wusste, wo ich mit meinen Gefühlen hin wollte. Sie sollten meinem Kopf folgen und der wusste, dass ich Sayed dankbar sein durfte für die Lehre, die ich durch sein Verhalten hatte lernen dürfen. Alle gaben in jeder Lebenssituation ihr Bestes, das war weder bei ihm noch Marwa anders. Besonders bei Marwa nicht, die, aufgewachsen im Armenviertel, von der Mutter tyrannisiert und vom Vater nicht gewollt, mit ihren damals siebzehn Jahren einfach nur ein traumhaftes Leben bei uns gesehen und für sich gewollt hatte.

Bei der Beschreibung vieler Abläufe brauchte ich Karims Hilfe, weil ich die Chronologie aufgrund der Menge nicht mehr richtig in Erinnerung hatte. Der fand mein Projekt lustig, was mich irritierte. Bücher haben in Ägypten einen anderen Stellenwert als in Deutschland und die Veröffentlichung war für Karim genauso unwahrscheinlich wie ein pinkfarbenes Marsmännchen, das vor ihm erscheinen könnte. Doch ich blieb hartnäckig. Und als ich mich dem Ende des Buchs näherte und er erkannte, dass ich dieses im Notfall eben selbst veröffentlichen würde, begann er, sich Sorgen zu machen, und wir endeten in einem handfesten Streit, nach dem wir tagelang nicht miteinander sprachen.

»Wieso musst du das Buch denn unbedingt veröffentlichen? Reicht es nicht, dass du es geschrieben hast?«, fragte er leicht ärgerlich.

»Was hat ein Buch für einen Sinn, wenn ich es in der Ecke stehen lasse und es keiner lesen kann?«, erwiderte ich flapsig.

»Aber was soll das denn bringen?«, wollte er wissen.

»Ich zeige mir und der Welt, dass ich zu mir selbst stehe. Ich zeige Frauen in ähnlichen Situationen, dass sie für ihre Freiheit kämpfen müssen und dass es immer einen Weg gibt. Und vielleicht verkauft sich das Buch ja so gut, dass ich unser Leben einfacher machen kann.«

Ich war optimistisch. Warum konnte er nicht verstehen, was ich machte und wie wichtig mir das war? Viele Menschen hatten Interesse an meiner Geschichte gezeigt und ich brauchte eine Veröffentlichung, um mir selbst zu beweisen, dass ich mich entwickelt hatte und zu mir und meinen Erlebnissen stehen konnte.

»Und was schreibst du über mich?«, wollte Karim wissen.

»Die Wahrheit.«

»Die Wahrheit? Alles?«, schrie er mich an.

»Ja, alles.« Trotz machte sich in mir breit. »Hör mal, Karim, ich kann dich schlecht weglassen. Du warst immer da und ein wichtiger Teil bei fast allen Bereichen meines Lebens. Wenn ich dich nicht erwähne, kann ich auch gleich eine andere Geschichte erfinden. Dann macht nichts einen Sinn«, erklärte ich ihm. Ich wäre ja zu Verhandlungen bereit gewesen, aber Vorschriften würde ich mir nicht machen lassen!

»Wenn Sayed das Buch in die Finger bekommt, kann ich mich nirgendwo mehr sehen lassen. Und meine Familie wird leiden«, erklärte er.

»Karim, es mag egoistisch klingen, aber ich will dieses Buch. Und irgendwann wirst auch du einmal zu den Dingen stehen müssen, die du gemacht hast. Du sagst, du willst eine Beziehung zu mir, aber wenn du die öffentlich machst, wird es denselben Effekt haben wie das Buch. Du kannst nicht immer alles verheimlichen. Und alles, was in dem Buch steht, entspricht der Wahrheit!«, versuchte ich, ihn zu überzeugen.

Innerliche wusste ich, dass er Ärger bekommen würde, aber ein anderer Teil von mir wollte endlich, dass er zu unserer Beziehung stand, ich ihm wichtiger war als alles andere und ihm alles egal war, wenn wir nur zusammen sein konnten.

»Wahrheit hin oder her, ich brauche noch Zeit, um alles vorzubereiten. Damit ich meiner Familie sagen kann, dass ich dich heiraten werde. Eigentlich wissen sie es ja schon, aber es ist nicht so leicht«, erklärte er mir.

Es war immer dieselbe alte Leier. »Bald« war ein Wort, das ich nicht mehr hören konnte.

»Genau, es ist nie leicht. Immer gibt es irgendeinen Grund, warum wieder mal etwas bei dir nicht geht. So war es bei deiner Scheidung von Ulrike, so ist es jetzt. Geh du deinen Weg, aber lass mir meinen. Und ganz davon ab glaube ich kaum, dass Sayed ein Buch, das in deutscher Sprache erscheint, lesen kann, geschweige denn, dass er es in Ägypten überhaupt in die Finger bekommt.«

Doch ich sollte mich täuschen. Das Buch erschien unter dem Titel »Die erste Frau« im Selbstverlag. Einer der ersten, die es in Händen hielten, war Sayed. Er hatte immer noch seine Kontakte zu Europäern und vor allen Dingen Anna, einer Italienerin, von der ich geglaubt hatte, dass sie meine Freundin sei, die aber mehr an einer Beziehung zu Sayed interessiert gewesen war, unterstützte ihn weiter tatkräftig. Aber selbst, wenn sie nicht gewesen wäre, hätte es diverse andere Menschen gegeben, die ihm das Buch besorgt und nach Ägypten gebracht hätten. Doch die Schnelligkeit überraschte mich. Noch bevor die ersten Käufer in Deutschland das Buch überhaupt geliefert bekommen hatten, verkündete er seiner Familie, dass er nun den Beweis dafür in Händen hielte, dass Karim den Ausstoß aus der Familie und den Tod verdient hätte. Er kündigte an, innerhalb von drei Tagen nach El Fayoum zu einer Familienversammlung zu kommen und den Beweis in Händen zu halten.

Mir wurde heiß bei dem Gedanken, was das für Karim bedeuten würde. Hatte ich mich getäuscht? War ich egoistisch gewesen oder hatte ich wirklich nur zu meiner Geschichte stehen wollen? Vielleicht hätte es andere Wege gegeben, zum Beispiel den eines Pseudonyms. Und vor allen Dingen: Was würde jetzt passieren? Ich glaubte nicht an Sayeds Geschichte, konnte es aber nicht ausschließen. Wie sollte er innerhalb von drei Tagen das Buch aus Deutschland bekommen und die entsprechenden Teile ins Arabische übersetzt haben? Doch wenn Sayed etwas wollte, setzte er Himmel und Hölle in Bewegung und so war es auch dieses Mal.

Nachdem die erste Zusammenkunft aller wichtigen Männer der Familie ohne ihn stattgefunden hatte und Karim auseinandergenommen worden war, erreichte Sayed mit dem Buch El Fayoum und bewies allen, dass er schon immer Recht gehabt hatte mit seinen Anschuldigungen.

»Petra, er hat das Buch!«, schrie Karim mich abends über Skype an. »Du hast gesagt, das würde nicht passieren!«

»Ich habe gesagt, dass das unwahrscheinlich sei. Und was will er jetzt?«, fragte ich Karim.

Ich war verunsichert, wusste nicht mehr, ob das alles wirklich so gut gewesen war, was ich gemacht hatte, und machte mir auch Sorgen um Karim. Auf der anderen Seite war es wichtig, mit dem Versteckspielen aufzuhören.

»Mich umbringen, was denn sonst?«

»Aber er kann doch nicht das gesamte Buch übersetzt haben«, stellte ich fest und suchte fieberhaft nach einer Lösung für das Problem. Es musste eine geben.

»Er hat die Stelle übersetzt, wo ich dir und Mariam helfe, zu Mahmoud zu kommen. Das reicht ihm.«

Karim war völlig aufgelöst und verzweifelt. Doch mich erstaunte das wirklich.

»Es macht ihm nichts aus, dass du mit mir geschlafen hast, als ich noch mit ihm verheiratet war, aber dass du mir bei der Flucht geholfen hast? Das hätte ich jetzt anders erwartet«, sagte ich mehr zu mir selbst, denn Karim war kaum ansprechbar.

»Die ganze Familie sieht das so. Essam und Yasser stehen hinter Sayed und alle drei haben geschworen, mich umzubringen!«, schrie er.

Das erstaunte mich weniger. Sayeds Brüder würden immer hinter ihm stehen, egal, was passierte. Mir fiel eigentlich nur eine Lösung ein.

»Karim, irgendwann wirst du dazu stehen müssen, was vorgefallen ist und was du getan hast. Sayed ist in El Fayoum. Fahr nach Hurghada, ich überschreibe dir meine Wohnung und du hast eine Bleibe«, schlug ich ihm vor.

Mit einem Schlag wären alle Probleme gelöst. Die Wohnung wäre in unserer Hand, wir könnten sie verkaufen, Karim hätte den Nachweis für die deutsche Botschaft, dass er über Eigentum in Ägypten verfügte, was die Rückkehrwahrscheinlichkeit sprunghaft ansteigen ließ und zeitgleich seine Chancen auf die Erteilung eines Visums. Und Sayed hätte keine Möglichkeit mehr, nach Hurghada zurückzukehren. Doch Karim sah das anders.

»Bist Du wahnsinnig? Wie soll ich das meiner Familie beibringen? Dann kann ich mich ja gleich selbst erschießen!«, sagte er wütend.

Angst! Immer wieder seine Angst. So würden wir nie einen Weg finden, irgendwo auf der Welt zusammen zu sein.

»Es kommt doch auf dasselbe raus. In jedem Fall drohen sie dir. Aber so kannst du endlich mal zur Wahrheit stehen und dir ein Leben aufbauen, anstatt immer wegzurennen.«

»Vielleicht finde ich noch einen anderen Weg ...«, dachte er laut.

»Weiter wegrennen, lügen und versuchen, allen den Eindruck zu vermitteln, dass du schön angepasst ein achtenswertes Leben führst, das du aber gar nicht willst?«, fragte ich ihn wütend.

»Du weißt ja nicht, wovon du redest. Du sitzt in Deutschland und bist sicher, du musst nicht wegrennen!«

»Nein, muss ich nicht. Weil ich das auch nie wieder tun werde. Ich stehe zu meinem Leben und das gleiche solltest du auch mal langsam tun. Du versuchst immer, es allen recht zu machen. Aber entweder du entscheidest dich für eine Beziehung mit mir oder du kriechst Sayed jetzt wieder in den Hintern und versuchst, alles wieder gut zu machen. Beides kannst du nicht haben«, schrie ich ihn an.

Ich war es leid, dass Karim immer das arme Opfer war, nur weil er nicht in der Lage war, sich für eine Richtung zu entscheiden. Er hätte schon lange zu unserer Beziehung stehen sollen. Genauso, wie er endlich einmal für die Dinge einstehen musste, die er für richtig hielt. So ging es auf keinen Fall weiter. Dennoch sah ich mich in der Pflicht, ihm zu helfen. Und ich wollte nicht, dass ihm etwas geschah.

»Ich schicke dir etwas Geld. Viel habe ich nicht, aber das kannst du haben. Lauf wieder einmal weg, wie du es willst, und versuche, das Leben zu retten, mit dem du so unglücklich bist. Wenn das dein Wunsch ist, dann bitte. Ich kann dir nur sagen, dass Mariam und ich jemanden brauchen, der zu uns steht. Selbst, wenn du in Deutschland wärst, würdest du deiner Familie erzählen, dass du bei einem Freund wohnst, damit keiner von deiner Beziehung zu mir weiß. So was wollen wir nicht, sorry«, teilte ich ihm mit.

Ich war enttäuscht. Immer wieder waren wir an diesem Punkt gewesen, doch immer noch war Karim nicht bereit, eine Entscheidung zu treffen. Er würde sich mit Sayed schon irgendwie einigen, da war ich mir sicher. Sayed hatte kein Interesse an Karims Tod, dafür aber ein großes an der Wohnung und der Villa. Er würde sich auf alles einlassen, wenn er nur sichergehen konnte, alles über meine Pläne zu wissen. Und Karim konnte ihm nun den Zugang zu diesem Wissen bieten. Ich beruhigte mich selbst in Bezug auf Karims Sicherheit, auch wenn ich traurig war, dass es nun endgültig zwischen uns vorbei zu sein schien. Ein kleines bisschen Erleichterung mischte sich ebenfalls unter meine Gefühle. Immerhin hatte es am Ende einen wirklich guten Grund für mich gegeben, die Beziehung zu beenden.

Am nächsten Tag schickte ich Karim mit Western Union 50 Euro. Damit konnte er sich erst einmal ein paar Tage über Wasser halten und sich überlegen, was er tun wollte. Er ging dazu über, mir Fotos von sich zu schicken, die verdeutlichen sollten, wie schlecht es ihm ging. Ich ging nicht weiter darauf ein. Zu gut kannte ich seine Vorgehensweise in solchen Fällen und war mir sicher, dass er wieder einmal jemanden brauchte, der ihm eine Entscheidung abnahm. Und dieses Mal würde ich es gerne tun. Unsere Beziehung zu beenden, war nicht nur in meinem Interesse gewesen, sondern nun auch in seinem. So konnte er seinem Onkel einiges an Material liefern, das dieser so dringend haben wollte, und sich weiter vormachen, dass er all dies ja nur aus Pflichtgefühl und Liebe zu seiner Familie tun müsste. Es war mir dieses Mal gleichgültig, dass ich offensichtlich die Böse war, die am Scheitern der Beziehung die Schuld trug. Früher hätten mich derartige Situationen dazu veranlasst, Karim anzurufen, mit ihm stundenlange Streitgespräche zu führen und zumindest ein Remis bei der Schuldfrage zu erreichen. Heute war es so, wie es war, und ich wollte es auch nicht ändern.

Kapitel 4

Inzwischen war Mahmoud, mein ägyptischer Anwalt, immer noch nicht weiter gekommen. Schon seit einigen Wochen hatte ich den Eindruck, dass ihm langsam die Ausreden ausgingen und er nicht wirklich aktiv war, was die diversen Klagen bei Gericht anging, die er angeblich eingereicht hatte. Da ich bei meiner Flucht die Heiratsurkunde von Sayed und Marwa mitgenommen hatte, was mehr ein Versehen denn Absicht gewesen war, hatten wir ein Druckmittel in der Hand, von dem ich mir erhofft hatte, dass es Sayed zur Herausgabe meiner Wohnung und der Villa meiner Mutter veranlassen würde. Denn Sayed hatte bei seiner Heirat mit Marwa angegeben, dass er nicht schon verheiratet wäre. Wahrscheinlich hatte die Unsicherheit, ob eine Mehrfachheirat unter Beteiligung einer Europäerin möglich war, dazu geführt, dass er eine Lüge der Wahrheit vorzog.

Doch auf diese Falschangabe stand in Ägypten Gefängnis und dorthin würde Sayed niemals freiwillig gehen. Doch Mahmoud hatte nichts weiter unternommen. Die Klage bezüglich meiner Wohnung wurde immer wieder verschoben, weil Dokumente nicht an Sayed zugestellt werden konnten, und mit der Villa verhielt es sich ähnlich. Nach nunmehr fast drei Jahren kam mir das alles langsam mehr als komisch vor. Ich ging dazu über, Mahmoud die Angelegenheit mit Geld schmackhaft zu machen. Zwar war er inzwischen bezahlt, aber vielleicht würde eine Kommission von 25 Prozent des Verkaufspreises von Wohnung und Villa ihn überzeugen. Doch immer noch geschah nichts.

Ich arbeitete daran, die ganze Angelegenheit einfach loszulassen und dem Universum einmal Freiraum zum Handeln zu verschaffen, und konzentrierte mich auf mein Buch und meine Selbstständigkeit, die ich endlich in Angriff genommen hatte. Ich meldete ein Gewerbe an und schnell hatte ich einen Vertrag mit der Volkshochschule über Reiki-Kurse geschlossen, die es in meiner Heimatstadt noch nicht gab. Zeitgleich schickte ich mein Buch an diverse Verlage, war aber bald frustriert, weil die ersten 30 Seiten, die von den Verlagen und Literaturagenten zusammen mit einem Exposé erwartet wurden, so gar kein realistisches Bild von meinem Buch abgaben. Doch ich war mir sicher, dass zu gegebener Zeit – wie immer in meinem Leben – die richtige Tür aufgehen würde.

Es erstaunte mich, wie erfolgreich ich mit Reiki war. Immer noch fand ich es unglaublich, dass andere Menschen die Energie spürten, die ich ihnen durch meine Hände schicken konnte. Aber wirklich Freude machte mir das Unterrichten und Coaching. Meine Arbeit an mir selbst, die Meditationen und das Training meiner Intuition hatten es mir auch ermöglicht, meine Beratungen durch Lenormand-Karten zu ergänzen. Doch richtig wohl fühlte ich mich dabei nicht. Ich gehörte nicht zu den Menschen, die die Bedeutung jeder einzelnen Karte auswendig lernten und anhand von Techniken den Zusammenhang erkannten. Vielmehr war es so, dass ich über die Karten einen Gesamteindruck vermittelt bekam, der meiner Intuition auf die Sprünge half und immer ins Schwarze traf. Ich war definitiv keine geborene Kartenlegerin und wollte dies auch nicht werden. Aber ich war froh über jede Einnahmequelle, die ich bekommen konnte, weil ich nicht nur mit Hartz IV unser Leben finanzieren, sondern zusätzlich Darlehen abzahlen und für zwei Hunde sorgen musste. Und so konzentrierte ich mich auf den Bereich, den ich weiter ausbauen wollte: das Coaching. Alles, was mich die letzten Jahre gelehrt hatten, fand hier seine Anwendung. Es gab im esoterischen Bereich kaum ein Thema, mit dem ich mich nicht – zumindest ansatzweise – beschäftigt hatte. Ich hatte das meiste an mir selbst ausprobiert, hatte mir eine Meinung gebildet und einige Methoden für gut befunden, andere abgeändert oder ganz verworfen. Und so war ich für meine Schüler und Klienten eine Ansprechpartnerin, die ihnen einen erprobten und einfachen Weg zur Eigenliebe und zu mehr Glück vermitteln konnte. Während ich immer in meinem Leben jemanden gebraucht hatte, zu dem ich hatte aufsehen können und den ich vor wichtigen Entscheidungen befragen konnte, merkte ich nun, dass ich immer mehr in eine Position rutschte, in der ich für andere Menschen diese Position einnahm. Ich hatte wirklich etwas zu sagen und anderen zu vermitteln und so entschloss ich mich dazu, ein weiteres Buch zu schreiben.

Dieses Mal ein Sachbuch, in dem ich alles zusammenfasste, was Teil meines Coachings war. Der Erfolg überraschte mich und die positiven Kritiken ebenfalls. Was mir wiederum zeigte, dass ich den Weg zur Eigenliebe noch lange nicht abgeschlossen hatte. Als ich dann den Ratgeber endlich in meinen Händen hielt, entschied ich, dass Stefan durchaus seinen Teil dazu beigetragen hatte, und überreichte ihm eine Ausgabe bei einem von mir bewusst herbeigeführten, »zufälligen« Treffen.

Seit der Trennung von Karim war Stefan immer wieder in meinen Gedanken, obwohl ich jetzt eher daran dachte, ob es nicht möglich wäre, eine Freundschaft aufzubauen und das zu nutzen, was wir nutzen konnten: unsere innere Verbundenheit und das Verständnis füreinander. Ich wollte ihn in meinem Leben, denn unsere Gespräche waren immer sehr wertvoll für mich gewesen und warum sollte ich auf die ganz verzichten? Er hatte seine Entscheidung getroffen, sein Leben in der bisherigen Form weiterzuführen, und diese Entscheidung wollte und durfte ich nicht in Frage stellen. Das Buch war der Beginn eines erneuten Kontakts zwischen uns. Und so begann – anfangs sehr zaghaft – eine gewisse Regelmäßigkeit bei unseren Treffen zu entstehen, bei denen wir uns hauptsächlich über meine Situation unterhielten, weil Stefan über sich nur sehr ungern redete. Es machte mich traurig, dass es so war, denn ich hätte ihn gerne unterstützt, aber ich verstand, dass dieser Schritt für ihn zu weit gegangen wäre und zu gefährlich für seinen inneren Frieden war.

Es war schön zu wissen, dass er für mich da war, wenn ich mit jemandem reden wollte. Damit musste ich zufrieden sein. Und diese Situationen wurden häufiger, denn in Ägypten war die wenige Wochen andauernde Ruhe nur Schein gewesen. Ich wurde plötzlich bombardiert mit Nachrichten auf meinem Handy. Karim vermisste mich und wollte Mariam sehen, Islam, Sayeds Cousin in Saudi-Arabien, bot mir an, mir zu helfen, wenn ich ihm nur genügend Informationen geben würde, Karims Schwester schrieb täglich, dass Karim sich umbringen würde, wenn ich ihn nicht anriefe, und Sayeds Schwester rief immer wieder an und ließ es nur wenige Male klingeln in der Hoffnung, dass ich, wie sonst auch immer, zurückrufen würde. Ich hatte ein schlechtes Gewissen und Zweifel, ob ich Karim gegenüber fair war, doch wusste ich eigentlich ganz genau, dass Karim nicht überlebt hätte, wenn er sich einer Zusammenarbeit mit

Sayed widersetzt hätte. Und so war mir klar, dass alles nur darauf abzielte, Informationen über Mariam und das zu erlangen, was ich plante, um an mein Eigentum zu kommen.

Nach einigen Nächten ohne Schlaf, in denen das Telefon ständig geklingelt hatte, traf ich Stefan.

»Du siehst nicht gut aus«, sagte er besorgt und betrachtete mein Gesicht ausführlich.

Alleine der Anblick seiner attraktiven Gestalt, sein freundliches Gesicht und seine Anwesenheit machten mich entspannter. Ich war so froh, dass es ihn gab.

»Mir geht es auch nicht besonders. Weißt du, diese nächtlichen Anrufe in dieser geballten Form sind wirklich anstrengend«, erklärte ich ihm.

»Warum schaltest du das Handy nicht aus?«, wollte er wissen.

»Ehrlich? Ich brauche morgens mindestens drei Wecker und das Handy ist einer davon. Außerdem ist es wahrscheinlich mein widderlicher Kopf, der mir sagt, dass ich wegen Sayed und seinen Handlangern doch nicht mein Leben ändern werde.«

Stefan lächelte mich an. Wie ich dieses Lächeln liebte. Alleine die Tatsache, mit diesem Mann mitten auf einer Hundewiese zu stehen und mich zu unterhalten, machte mein Leben einfacher.

»Was wirst du also tun?«, fragte er.

Seine ruhige Art, besonders aber seine Art des Umgangs mit meinen Problemen, machte ihn so unersetzlich für mich. Nie bewegte ihn irgendwas von dem, was ich sagte, zu ungläubigem Staunen oder erschrockenen Reaktionen. Es war, als ob seine Ruhe alleine die Probleme halbieren würde.

»Nichts. Irgendwann werden sie sich schon wieder einkriegen und aufhören. Ich will einfach nur, dass meine so hart erarbeitete Grundeinstellung nicht den Bach runter geht. Wenn ich anfange, wütend zu sein, mir Sorgen zu machen oder mir zu wünschen, dass Sayed seine gerechte Strafe bekommt, geht die Energie in eine Richtung, die ich nicht will. Ich weiß, dass alles seine Ursache in mir hat. Alles.«

»Aber das kann man ja noch nicht mal von einem Heiligen erwarten. Es ist doch nur allzu verständlich, wenn du solche Gedanken und Gefühle hast«, erwiderte er.

Ich war immer noch erstaunt, dass jemand mich so sehen konnte aufgrund einer Einstellung, die eigentlich ja ziemlich egoistisch war.

»Vielleicht. Für mich aber nicht. Es ist meine Überzeugung, dass uns das Leben nur das widerspiegelt, was in unserem Inneren ist, an was wir glauben. Sehe ich mich als Opfer, werde ich auch eins, und schicke ich Energie in Richtung Rache, wird sie in derselben Form zu mir zurückkehren. Sayed hat mir geholfen. Hätte er nicht so gehandelt, wäre ich heute nicht hier und schon gar nicht an diesem Punkt der Eigenliebe, an dem ich heute bin. Ich darf ihm danken. Wenn ich Rache will, habe ich da irgendwas noch nicht richtig umgesetzt«, erklärte ich ihm.

Zumindest in meinem Kopf war mir das immer klar, meine Gefühle in dieser Hinsicht hinkten ein wenig hinterher, aber es wurde besser. Stefan sah mich nur lächelnd an. Auch wenn er so gar nicht aus dem esoterischen Bereich kam, verstand er doch, was ich meinte und ich hatte immer das Gefühl, mit all meinen für ihn so komischen Vorstellungen angenommen zu werden. Oft brauchten wir zwar das noch zu schreibende Wörterbuch »christlich-esoterisch, esoterisch-christlich«, aber es wurde immer besser.

»Okay, ich verstehe dich ja. Nur bist du eben ein Mensch und keine Maschine. Denk mal darüber nach und fordere nicht zu viel. Und melde dich, wenn ich dir helfen kann.«

Er wusste genauso gut wie ich, dass unser nächstes Gespräch bei der Schnelligkeit der Ereignisse wahrscheinlich nicht lange auf sich warten lassen würde. Und so kam es dann auch. Nur wenige Tage später machte meine Mutter mich auf zwei Männer aufmerksam, die sie schon am Tag zuvor gesehen hatte und die jedes Haus unserer mehr als zwei Kilometer langen Straße abgingen und sich die Namensschilder ansahen. Sie sahen eindeutig arabisch aus, kamen mir jedoch nicht ansatzweise bekannt vor. Ich war beunruhigt und beschloss, einige Kontakte in Ägypten zu nutzen, um zu erfahren, ob Sayed etwas hatte verlauten lassen, denn der ging mit geplanten Manövern seinerseits nicht sehr vorsichtig um. Und so hörte ich aus jeder Ecke, dass Sayed schon seit einigen Tagen ankündigen würde, dass er bald Mariam wieder bei sich hätte. Er hatte einigen Leuten erzählt, dass seine Cousins in Italien schon dafür sorgen würden, dass ich meine Tochter niemals wiedersehen würde.

Natürlich konnte all dies reine Stimmungsmache sein und in der Hoffnung geschehen, dass mir jemand davon erzählen und mich so in Angst versetzen würde, doch sprachen die beiden Männer auf der Straße eine andere Sprache. Und das im wahrsten Sinne des Wortes. Ich bat einen Mann aus dem Deutschkurs, den ich ehrenamtlich bei der Caritas unterstützte, sich die beiden einmal anzusehen und zu hören, in welcher Sprache sie redeten. Der Dialekt würde ihm verraten, aus welchem Land sie kamen.

Gespannt wartete ich auf seinen Bericht und hoffte, dass es eine andere, einleuchtende Erklärung für ihre Anwesenheit in meiner Wohngegend gab. Er hatte sich am Ende dann sogar mit ihnen unterhalten und bestätigte, dass es sich um Ägypter handelte, die einen Freund suchen würden, aber nicht genau wüssten, wo er wohnte. Nun war ich wirklich beunruhigt. Ich konnte nicht zu 100 Prozent sicherstellen, dass Mariam nichts passieren würde. Dazu hätte ich sie in unserer Wohnung einsperren müssen und das wäre auch nicht gut für sie gewesen. Keinesfalls wollte ich, dass sie merkte, dass etwas nicht stimmte, aber ich musste mit ihr reden, wenn sie weiterhin normal leben sollte.

Also erklärte ich ihr in einer sehr abgeschwächten Form, was los war. Vorsichtshalber nahm ich Mariam aus dem Kindergarten und rief noch die Polizei an. Doch trotz Strafanzeige, die ich nach meiner Rückkehr nach Deutschland gegen Sayed gestellt hatte, und der aktenkundigen Bedrohung für meine Tochter, konnte man dort nichts ausrichten. Es war ja nichts passiert und alleine das auffällige Verhalten zweier Ägypter war nicht ausreichend, auch nur einen Streifenwagen vorbeizuschicken. Man versuchte, mich mit dem Satz: »Gucken Sie einfach, dass Sie immer ein Handy dabei haben. Wenn jemand Ihre Tochter entführt, werden wir sie bestimmt schnell wieder zurückgeholt haben« zu beruhigen.

Ich war wütend und verließ mich da lieber auf meine eigenen Vorsichtsmaßnahmen und beobachtete die beiden Männer genau. Drei Tage dauerte es, bis ich sie nicht mehr sah. Wenn ich mit den Hunden vor die Tür ging, achtete ich genau auf meine Umgebung, froh, dass die meisten Ägypter enorme Angst vor Hunden haben. Ich beobachtete vom Fenster aus die Straße und versuchte festzustellen, ob die Männer einfach gefunden hatten, was sie suchten und uns nun beobachteten oder ob sie ganz verschwunden waren.

Doch dann rief ich mich zur Ruhe. Was sollte das? Predigte ich nicht all meinen Klienten das Resonanzgesetz? Alles, was wir aussenden, kommt zu uns zurück? Ich war kein Opfer mehr und andere bestimmten auch nicht mehr über mein Leben. Wenn, dann schaffte ich mir meine Realität! Ich gab Mariam also wieder in den Kindergarten, erklärte der Leiterin, warum meine Tochter die letzten Tage nicht dagewesen war und war mir ihrer Kooperation sicher. Natürlich waren wir vorsichtig, aber ich entschied mich für ein Leben ohne Angst und Einschränkungen.

Doch nur wenige Tage später erreichte mich über eine Nachricht in What´s App von einer mir unbekannten Nummer in Ägypten ein Video mit einer Nachricht. Diese lautete: »Das passiert mit Huren wie Dir!« und das Video zeigte eine Frau, die kopfüber und nackt von der Decke eines Zimmers an einem Seil hing und von einigen Männern verprügelt wurde, die um sie herumstanden. Wie gelähmt starrte ich auf die Bilder und war entsetzt. Wer war zu so etwas fähig? Wieviel Hass mussten Menschen empfinden, um so etwas zu tun? Über den Absender der Nachricht machte ich mir wenig Gedanken. Alles, was in meine Richtung zielte, kam indirekt von Sayed und er hatte es schon immer verstanden, seine Freunde, Familienangehörigen und bezahlten Schergen für Nachrichten und Telefonanrufe heranzuziehen. Doch das Video an sich verursachte bei mir Übelkeit und ging mir nicht aus dem Kopf. Es trieb mir die Tränen in die Augen und führte dazu, dass ich zweifelte, ob das wirklich der richtige Weg war, den ich da ging.

Auch dieses Mal half mir ein Gespräch mit Stefan, zu meinen Überzeugungen zurück zu gelangen. Ich merkte, dass er sich immer mehr in meine Richtung bewegte, Überlegungen anstellte, sein Leben aufzugeben zugunsten eines Lebens, wie er es sich wünschte, aber noch immer fiel kein Wort zwischen uns. Es war, als ob er eine unsichtbare Barriere zwischen uns errichtet hätte, die er nicht bereit war einzureißen. Wir beide wussten, dass der andere von den eigenen Gefühlen wusste, aber ausgesprochen wurde es nie. Hätten wir einmal offen darüber reden können, wäre ich erleichtert gewesen. So fühlte ich mich wie eine schlechte Schauspielerin. Doch wir hielten den Level unserer Beziehung und ich konnte wahrnehmen, dass es Stefan immer schlechter ging. Er war nicht glücklich und auch wenn es vorrangig vielleicht nicht um mich ging, so war ich dennoch der Auslöser. Er war mit seinem Leben nicht glücklich, konnte sich aber nicht aus den Zwängen befreien, die alle in seiner Umgebung an ihn richteten. Zu viel hing noch in seinem Leben von der Reaktion anderer Menschen ab.

Vielleicht hätten ihn sogar manche verstanden, eventuell sogar seine Frau und seine Kinder. Doch wer verließ schon eine Frau und seine Kinder, wenn er das Eheversprechen als unumstößlich und auf ewig bindend ansah? Er, der immer ein perfektes Leben geführt hatte, wäre für Freunde und Verwandte plötzlich der Böse, der seine Frau sitzen ließ und Verrat an Gott beging. Unverantwortlich und egoistisch. Der Schmerz bei ihm war einfach noch nicht groß genug, um das auf sich zu nehmen oder eine andere Wahrheit in Betracht zu ziehen. Und auch, wenn ich mit ihm litt und es mir anders gewünscht hätte, tat ich nichts, um ihn in eine andere Richtung zu drängen. Ich war mir sicher, dass er seinen eigenen Weg gehen musste, wenn er jemals glücklich sein wollte und das war mir immer noch wichtiger als alles, was ich mir für uns wünschte.

Kapitel 5

Ich fragte mich, warum meine Situation so war, wie sie war. Nichts passierte ohne Grund und nach meiner Überzeugung waren die Dinge bereit, wenn man es selbst auch war. Es schien etwas zu geben, das ich aus der Situation mit Stefan noch nicht gelernt hatte. Zudem war die Beziehung zu Karim ja ähnlich gelagert gewesen. Auch er hatte sich nicht endgültig entscheiden können, hatte immer wieder versucht, es allen recht zu machen. Immer wieder gelangte ich an ein und denselben Punkt und änderte, lernte, meditierte und trotzdem blieb alles beim Alten. Irgendetwas musste ich übersehen haben, wahrscheinlich so winzig, dass es mir unwichtig vorkam. Aber ich bekam zunehmend schlechte Laune, was für mich eigentlich untypisch geworden war.

Lange Zeit war ich unschlüssig, litt, weil ich nie offen mit Stefan über meine Gefühle reden konnte und weil das Schauspielern so gar nicht meiner Art entsprach. Und dann erkannte ich, dass ich bisher Gefühle immer mit Schwäche gleichgesetzt hatte. Ich war immer verletzt worden, wenn ich mich verliebt hatte, und hatte Angst. Angst, erneut verletzt zu werden, Angst, mich vielleicht zu irren und Angst, wieder einmal zurückgewiesen zu werden. Doch woher kam diese Angst? Sie bedeutete nichts anderes, als dass ich selbst mir nicht genug war, mich nicht genug liebte. Menschen, die sich selbst lieben und mit sich selbst glücklich sind, brauchen nichts von außen. Sie erwarten nicht, dass ein anderer Mensch einen Mangel an Liebe ausfüllt, den sie in sich tragen und brauchen sich so auch nicht ihrer Gefühle zu schämen. Sie werden unerwiderte Liebe nicht als Bestätigung ihrer eigenen Unzulänglichkeit ansehen. Und das sollte ich auch nicht. Was fühlte ich? Und war es nicht eher ein Grund, stolz zu sein? Ich hatte 42 Jahre alt werden müssen, um endlich Liebe zu fühlen. Diese Liebe hatte mir geholfen, mich selbst in ein Gleichgewicht zu bringen, meine Tochter aus tiefstem Herzen zu lieben und mein Leben massiv zu verbessern. Sie bereicherte mich und ich war in der Lage, Stefan seinen Lebensweg zu lassen. Ja, es war ein Grund, stolz zu sein. Warum es ihm also nicht sagen?

Wir hatten jedes Hoch und Tief erlebt, waren von Freundschaft über Ignoranz in jedem Stadium gewesen. Nichts konnte passieren, was wir nicht schon gekannt hätten oder besser gewesen wäre. Und ich hätte am Ende mit dem Thema abgeschlossen. Danach gab es wirklich nichts, das mir dieses Gefühl zu ihm nicht beigebracht hätte. Zudem würde mein Gehirn, das bisher immer nur die Erfahrung hatte abspeichern können, dass das Eingeständnis von Verliebtheit zu Ablehnung führte, vielleicht einen Gegenbeweis bekommen.

Ich fasste mir also ein Herz und bat ihn um eine halbe Stunde seiner Zeit.

Vor unserem Treffen war ich nervös, legte mir die Worte bestimmt hundertmal zurecht und verwarf sie wieder. Am Ende blieb aber eine freudige Erwartung. Was gut war, denn es war anders als jemals zuvor.

Ich erzählte Stefan mein Leben in Bezug auf Beziehungen, beschrieb ihm, was in mir vorgegangen war, als ich ihn getroffen und wohin ich mich entwickelt hatte. Ich ließ nichts aus, vor allen Dingen nicht, dass ich ihn wirklich liebte. Und ich machte ihm klar, dass damit von meiner Seite alles getan war. Erstaunlicherweise und zum ersten Mal in meinem Leben war ich nach einem derartigen Geständnis erleichtert, froh und stolz auf mich selbst. Nicht eine Spur von Angst vor Zurückweisung, keine nervösen Anfälle und vor allen Dingen: keine Erwartungen! Ich lächelte ihn nur an, beobachtete, wie er so dastand und offensichtlich nicht mit diesem Inhalt unseres Gesprächs gerechnet hatte und teilte ihm mit, dass alles Weitere an ihm läge. Ich würde seine Entscheidung in jeder Form akzeptieren.

Damit ging ich und genoss das Gefühl der Freiheit, das sich in mir breitmachte. Ich hatte das Richtige getan. Trotzdem hoffte ich, dass mein Geständnis ihn dazu bringen würde, über seine Gefühle zu reden, dass er vielleicht sogar endlich zu unseren Gunsten entscheiden würde. Doch Stefan konnte sich nicht entschließen, offen zu reden. Es war, als ob ein ehrliches Gespräch mit dem Entschluss gleichzusetzen gewesen wäre, sein Leben zu ändern. Wochen hoffte ich, bis ich verstand, dass er das einfach nicht konnte.

Komischerweise war ich trotzdem entspannt. Unsere Gespräche setzten wir regelmäßig fort, auch wenn ich fortan nur noch selten auf ihn zuging. Es war mir wichtig zu sehen, dass auch er das Bedürfnis hatte, mit mir zu reden. Nach einer besonders schlimmen Nacht aber, die mit Drohanrufen, diversen unschönen Nachrichten und energetischen Drohgebärden aus Ägypten voll gewesen war, hatten wir ein Gespräch, das später noch weitreichende Folgen haben sollte, denn das erste Mal war Liebe zwischen uns so stark spürbar, dass ich noch Tage später innerlich eine Gänsehaut bekam, wenn ich daran dachte.

Es war gleichzeitig unser letztes, das wir für lange Zeit führen sollten, denn Stefan entschied sich wieder einmal für die Distanz. Doch dieses Gefühl, das während dieses einen Gesprächs so deutlich an die Oberfläche getreten war, konnte mir keiner mehr nehmen. Ich bewahrte es in mir auf und hegte und pflegte es, vielleicht auch, weil ich dachte, dass mehr als das zwischen uns nie möglich sein würde. Wenn ich in mich hineinfühlte, wurde mir aber auch klar, dass dieses Gefühl so derartig stark war, dass es fast unwirklich erschien und eine Beziehung zwischen zwei Menschen, die dies empfinden, absolut einzigartig sein musste. Und es machte mir auch ein wenig Angst.

Kapitel 6

Nachdem ich mich nun mehr als zwei Jahre in einem emotionalen Auf und Ab befunden hatte, war die – zumindest in Bezug auf meine Person – geregelte Situation für mich entspannend. Weniger jedoch die mit Ägypten.

Wie Wellenbrecher kamen die Zeiten, in denen mein Telefon kaum still stand, Morddrohungen in meinem Email-Postfach oder auf dem Handy landeten und Freunde von mir bedroht wurden. Manchmal wurde noch versucht, mich auf nette Art und Weise zu einer Reaktion zu bewegen. So meldete sich Karims Schwester regelmäßig und hatte immer eine neue Geschichte parat, warum ich unbedingt mit ihm reden müsse. Ich reagierte auf nichts mehr. Alle Nachrichten blieben unbeantwortet, ich sperrte jede neue Nummer aus Ägypten, die mich anrief und blockierte in sozialen Netzwerken alles und jeden, der den Anschein erweckte, mich zur Informationsbeschaffung für Sayed kontaktiert zu haben.

Bekannte und Freunde bekamen immer wieder Freundschaftsanfragen von Ägyptern auf Facebook, weil man sich so erhoffte, auf Umwegen an Fotos von Mariam oder Neuigkeiten von uns zu kommen. Inzwischen waren fast alle sensibilisiert und keiner fiel mehr auf Anfragen dieser Art herein. Doch ich wollte endlich mit Ägypten abschließen und hatte einfach keine Lust mehr.

Auch war es nicht einfach, mit Hartz IV meiner Tochter das zu ermöglichen, was ich mir für sie wünschte, aber auch, was sie benötigte. Unser Leben wäre mit dem Verkauf der Wohnung deutlich einfacher geworden. Meine Mutter drängte ebenfalls auf eine Klärung, denn auch sie hatte Mahmoud ja Geld gezahlt, um die Besitzverhältnisse der Villa zu regeln. Ich erinnerte mich daran, dass Mahmoud mir einmal von einem Anwalt in Norddeutschland erzählt hatte, der Ägypter war und mit dem er von Zeit zu Zeit arbeitete. Ich begab mich also auf die Suche und wurde bald fündig.

Zur selben Zeit wurde ein Verlag auf mein Buch aufmerksam und wollte es verlegen. Ich nahm dies als Zeichen, dass ich mich auf dem richtigen Weg befand. Doch war mir auch klar, dass der zusätzliche Wirbel, den eine Veröffentlichung über einen Verlag verursachte, wieder für mehr Aktivität in Ägypten sorgen würde.

Und so rief ich den Anwalt in Deutschland an, den meine Geschichte sehr erstaunte. Er hatte Mahmoud, genau wie ich zu Anfang, als äußerst ehrlichen und fairen Anwalt kennengelernt. Da er jedoch gerade durch einen Fall mit Mahmoud zusammenarbeitete, konnte er mich nicht vertreten. Wohl aber mit Mahmoud reden.

Was herauskam, gehörte meines Erachtens nach eher in einen schlechten Spielfilm, denn Sayed hatte mit seinem Schlägertrupp Mahmoud entführt, ihn unter Gewaltanwendung festgehalten und ihn mit der Warnung freigelassen, sich aus meinem Fall herauszuhalten, wenn ihm das Leben seiner beiden Söhne lieb wäre. Da von meiner Seite weder eine Bedrohung ausging, noch mit meiner baldigen Rückkehr nach Ägypten zu rechnen war, hielt sich Mahmoud an diese Vorgaben. Zwar hatte er verstanden, dass ich sein

Verhalten publik machen würde, was durchaus schädlich für seine Karriere war, das Leben seiner Kinder war ihm jedoch wichtiger. Verständlich, für mich jedoch trotzdem wenig erbauend. Auch mein Buch, die Androhung weiterer Anwälte und des Fernsehens konnten ihn nicht dazu bewegen, mehr zu tun, als die Dinge ruhen zu lassen.

Doch meine Aktivitäten hatten Reaktionen zur Folge: Seit den ersten Tagen in unserer Wohnung in Deutschland hatten wir energetische Angriffe über uns ergehen lassen müssen. Lange Monate hatte ich mich damit beschäftigt, wie ich uns schützen könnte, jedoch immer wieder ohne Erfolg. Teilweise war ich verzweifelt gewesen, weil nichts und niemand mir helfen konnte, hatte jedoch nicht aufgegeben, was einen weiteren Ratgeber über energetische Schutzmaßnahmen als positiven Nebeneffekt gehabt hatte.

Karim hatte immer gesagt, dass Sayed viel Geld für einen Schwarzmagier ausgeben würde, doch bisher waren die Folgen zwar spürbar, aber nicht besorgniserregend gewesen. Alles war irgendwann verschwunden. Sicher, unser großer Hund Ginny hatte eine Zeitlang regelmäßig jeden Abend um 20 Uhr zitternd im Wohnzimmer gestanden und in eine bestimmte Ecke gestarrt und sehr empathische Menschen hatten etwas Unangenehmes gespürt, doch irgendwann hatte auch dies aufgehört. Nun sollte aber das Buch bei einem Verlag erscheinen und ich unternahm scheinbar etwas gegen Mahmoud. Sayed musste handeln.

Und so wachte ich eines Nachts schweißgebadet auf, weil in meinem Traum Wölfe um Mariams Bett gestanden hatten, die in Embryostellung, kahl geschoren und nackt, nur von einem Laken bedeckt dort lag. In meinem Traum wollte ich ihr helfen, jedoch hielt mich etwas auf, das in mich hineinkroch. Ich konnte aus dem Traum nicht ausbrechen und wurde panisch, weil ich meinem Kind nicht helfen konnte. Alles war so realistisch. Ich zwang mich im Traum herauszutreten, aufzuwachen, setzte mich beim Aufwachen erschrocken auf und merkte, dass zumindest der letzte Teil scheinbar kein Traum gewesen war. Ich wollte mich bewegen, tat aber etwas anderes. Mein Körper reagierte anders, als ich es wollte. Etwas war in mir, das da nicht hingehörte.

Ich war zu verschlafen, um Angst zu empfinden und darüber nachdenken zu können und so saß ich auf meinem Bett und reagierte mehr aus Instinkt heraus, denn aus bewusster Entscheidung. Ich erinnerte mich an all die Methoden, von denen ich gelesen und die ich gelernt hatte. Am Ende schien es mir nur eine Antwort gegen jede Negativität zu geben: Liebe. Ich rief das Gefühl meines letzten Gesprächs mit Stefan ab, fühlte die Liebe und weitete das Gefühl aus wie einen Nebel. Immer größer wurde die Wolke von Liebe um mich herum und ich befahl, was auch immer in mir wäre, mich jetzt zu verlassen. Es funktionierte. Ich merkte, wie mein Körper mir langsam wieder gehorchte. Ich hatte von Invokationen gehört, aber nie geglaubt, dass sie funktionieren könnten. Nun hatte ich den Beweis.

Ich zitterte, weil die Angst nachträglich nun herauskam und dachte an meine Tochter. Schnell ging ich in Mariams Zimmer. Ich musste sichergehen, dass es ihr gut ging und hoffte, dass es vielleicht doch nur ein Traum gewesen war. Anstatt sie jedoch schlafend vorzufinden, sah ich sie ängstlich im Bett sitzen.

»Mama, alle meine Kleider waren weg und da waren Wölfe!«, weinte sie.

Ich war schockiert.

»Alles gut, Engel, das war nur ein Traum. Jetzt ist alles wieder gut«, versuchte ich sie zu beruhigen, musste mich aber erst einmal selbst in den Griff bekommen.

»Aber, Mama, ich wollte zu dir, aber da war so ein Geist, der dich festhielt und ich konnte nicht durch die Wölfe«, beschrieb sie immer noch weinend ihren Traum.

»Ich weiß, mein Schatz, aber jetzt haben wir den Geist vertrieben und die Wölfe auch und sie kommen bestimmt nicht wieder zurück. Ich bin ja jetzt hier.«

Ich hoffte, dass dies der Wahrheit entsprach und diese Demonstration Sayeds Möglichkeiten erschöpft hatte. Ich legte mich zu Mariam, nahm sie in den Arm und fragte mich, wie irgendein Vater auf dieser Welt seinem Kind so etwas antun konnte.

Und im Stillen dankte ich Stefan, ohne den und der Liebe, die ich empfand, alles weniger glimpflich hätte ausgehen können. Ich wusste nun zumindest, dass der Satz »Die Liebe besiegt alles« stimmte. Eine Erkenntnis mehr. Und dazu noch die, dass ich keine Hilfe mehr brauchte. Ich bekam immer nur das vorgesetzt, was ich auch bewältigen konnte und hatte alle notwendigen Mittel zur Verfügung. Ich war stark genug, es mit all dem selbst aufzunehmen. Jede Erfahrung war es eben wert, gemacht zu werden.

Kapitel 7

Das Erscheinen des Buchs im Franzius Verlag brachte noch einmal ein wenig Unruhe in unser Leben. Waren die Reaktionen auf mein Buch im Selbstverlag, vor allen Dingen im Handel, eher gemäßigt gewesen, so war dies nun im Vergleich dazu ein wahrer Wirbelsturm.

Die größte Tageszeitung der Stadt brachte einen halbseitigen Artikel über mich und mein Buch. Die Presseartikel sorgten dafür, dass sich plötzlich zahlreiche Menschen an mich erinnerten und unbedingt wieder mit mir in Kontakt treten wollten. Über einige freute ich mich, bei anderen war ich mir sicher, dass sie sich nur für den Fall einer eventuellen Berühmtheit mit mir in Verbindung setzten, um ein wenig Glanz mitbekommen zu können.

Ebenso meldeten sich aber plötzlich vor allen Dingen Frauen, die mich scheinbar aus Ägypten kannten, wahrscheinlich aber eher mit Sayed Kontakt gehabt hatten – auf welche Art auch immer. Mir drängte sich der Gedanke auf, dass viele sichergehen wollten, dass ihr Leben mit ihrem Ehemann oder Lebenspartner sicher war und dieser niemals von einem Seitensprung mit Sayed durch mein Buch erfahren würde. Einige hatten Glück, andere weniger.

Wie schon bei Karim war ich der Überzeugung, dass jeder Mensch zu dem stehen muss, was er tut. Ich konnte zwar niemanden dazu zwingen, jedoch galt bei mir die Regel, nie einen anderen Menschen mehr über mich selbst zu stellen.

Und so war der Schutz einer Lüge für mich keinesfalls wichtiger als mein Bedürfnis, meine Geschichte zu veröffentlichen, vor allen Dingen deshalb, weil zahlreiche Frauen den Weg über das Buch zu mir gefunden hatten, die sich in ähnlich gelagerten Lebenssituationen befanden. Einige wollten mir nur mitteilen, dass ich ihnen Mut gemacht hätte, etwas zu ändern, andere wiederum mussten dringend einen Weg finden, Ägypten zu verlassen und das mit ihren Kindern. Manchmal konnte ich mit Tipps helfen, aber auch, wenn ich nicht mit einem physischen Weg helfen konnte, so hatte ich doch den Eindruck, dass die Gespräche psychisch etwas brachten. Ich war stolz und froh, als »meine« erste Frau nach vielen Gesprächen mit mir endlich mit ihren Kindern Deutschland erreicht hatte. Es war nicht nur mein Verdienst, aber mein Buch hatte seinen Teil dazu beigetragen und alleine deshalb hatte es sich gelohnt, diesen Weg zu gehen.

Ich wurde zu Lesungen eingeladen, machte ein Fernsehinterview und verkaufte eine nette Anzahl von Büchern. Es war ein erstaunlich gutes Gefühl, als ich das erste Mal das eBook von »Sand in ihren Schuhen«, dem neuen Titel des Buchs, auf Platz elf der Rangliste bei Amazon in der Kategorie Biografien sah. Die Zahl der verkauften Ratgeber hatte sich ebenso gesteigert und guten Gewissens konnte ich mich als »Autorin« bezeichnen. Nur finanziell gesehen blieb alles beim Alten. Eine leichte Verbesserung erreichte ich aber dennoch, als ich endlich über die Künstler Sozialkasse gesetzlich versichert wurde. Nach einigen Darlehen, die ich gezwungen gewesen war aufzunehmen, weil die private Krankenversicherung Leistungen nicht übernommen hatte oder Situationen, in denen ich notwendige Medikamente nicht kaufen konnte, weil der vorzustreckende Betrag meinen monatlichen Hartz IV Satz überstieg, war dies nun eine wirkliche Wohltat.

Ich fragte mich immer, was mir meine finanzielle Situation widerspiegeln sollte und hatte verschiedenste Ideen, aber es änderte nicht wirklich etwas. Manchmal frustrierte es mich, weil ich gerne einmal mit Mariam in den Urlaub gefahren wäre oder einfach nur einen Tagesausflug gemacht hätte, ein anderes Mal wiederum konnte ich es so nehmen, wie es war, und erkennen, dass ich eben auch noch nicht fertig war.

Stefan schickte ich viel Liebe und wünschte ihm alles Gute, sah ihn aber nicht mehr und beschloss auch, es dabei zu belassen. Eine leise Stimme in mir sagte zwar, dass ich immer noch irgendwo ein wenig Hoffnung hatte, dass es eines Tages zwischen uns zu einer Beziehung kommen würde, aber ich konnte ruhigen Gewissens behaupten, dass ich einen Schlussstrich gezogen hatte.

Karim war dazu übergegangen, mir Liebeserklärungen zu schicken und mir zu versichern, dass er mir nun in allen Details Recht geben müsse. Ich blockierte ihn. Mein Gefühl sagte mir, dass das bei Weitem noch nicht alles gewesen war, was ihn zu einem erneuten Kontakt zu mir veranlasst hatte. Von einem Freund von ihm hatte ich gehört, dass kurz vor der Veröffentlichung von »Sand in ihren Schuhen« drei Schläger von Sayed in Karims Wohnung gewesen waren und ihn zusammengeschlagen hatten. Doch auch wenn das der Wahrheit entsprach – und da war ich mir auch nicht vollkommen sicher – war dies Karims Baustelle. Er musste endlich einen Weg finden, zu sich selbst zu stehen und sein Leben zu leben. Denn auch Sayed war nicht allmächtig. Seine Macht basierte auf Angst, die er erzeugte und in seinem Leben hatte er mit dieser Methode immer Erfolg gehabt, sodass ich mir sicher war, dass er im Falle eines Misserfolges kaum weitere Maßnahmen in der Hinterhand hatte. Er selbst bestand ja nur aus der Angst zugeben zu müssen, dass das Bild, das er von sich aufgebaut hatte, nichts anderes war als das: ein schöner Schein. Mehr als ein Jahr war er in El Fayoum gewesen und hatte dort auf Kosten seiner Familie gelebt. Es gab inzwischen kein Familienmitglied mehr, das nicht gewusst hätte, wie Sayed wirklich war. Zu oft hatte er Marwa so verprügelt, dass sie grün und blau geschlagen in einer Ecke lag und zum Arzt gefahren werden musste. Zu oft hatte Marwa, leider vergeblich, versucht mit ihren Kindern zu fliehen. Und zu viele Details waren dadurch ans Licht gekommen, dass ich bestimmte Dokumente an einige ausgewählte Familienmitglieder weitergeleitet hatte.

Lange Zeit hatte ich mich auch gefragt, ob Nächstenliebe nicht bedeuten würde, Sayed seinen Willen zu lassen. Doch die Antwort war mir beim Lesen von Neale Donald Walshs Buch »Gespräche mit Gott« sozusagen in den Schoß gefallen: Liebe bedeutet nicht, jemanden tun zu lassen, was immer er will, sondern kann es auch einmal notwendig machen, ihn darauf hinzuweisen, dass er nicht aus Liebe heraus handelt. Und so waren Eigen- und Nächstenliebe wieder für mich vereinbar.

Ich überprüfte immer wieder meine Motivation hinter meinem Tun, denn an das Resonanzgesetz glaubte ich weiterhin. Vielleicht war es also für Sayed nicht ersichtlich, dass ich ihm nicht das gab, was er wollte, weil ich mich selbst respektierte und ihn genauso. Ein Kampf aus Hass heraus hätte für ihn keine andere Wirkung gezeigt. Doch für mich machte es einen riesigen Unterschied und auf dem bestand ich.

Kapitel 8

Die Monate zogen ins Land und mein Leben verlief das erste Mal seit Jahren ruhig und ohne große Vorkommnisse. Ich hatte gelernt loszulassen. Ägypten, Stefan, unsere räumliche und finanzielle Situation. Und das tat gut. Mariam, die inzwischen eingeschult worden war, und ich waren ein Team und in weiten Teilen unseres Lebens glücklich. Für mich gab es das erste Mal eine Zeit der Beständigkeit, die Zukunftsplanungen zuließ. In den Jahren zuvor hatte es immer ein »Wenn« oder ein »Aber« gegeben. Wenn ich dann endlich geschieden wäre ..., wenn ich dann endlich Sayed aus meiner Wohnung heraus hätte ..., wenn ich dann endlich das Geld von meiner Wohnung hätte ..., wenn sich Stefan dann endlich entscheiden würde ..., und so weiter... Endlich war das vorbei.

Alles in Ägypten würde den Gang gehen, den es gehen sollte. Es war mir fast gleichgültig geworden und ich verschwendete nur selten einen Gedanken daran. Drohungen interessierten mich nicht mehr und jeder, der es versuchte, wurde im Internet oder Handy sofort gesperrt. Ich hatte gelernt, konsequent zu sein und alles, was mir nicht gut tat, auszuschalten. Ich war nicht immer ausgeglichen, im Vergleich zu der Zeit vor meiner Flucht aber eine Ausgeburt an Ruhe und Beständigkeit.

Stefan würde seinen Weg gehen, mit oder ohne mich war seine Sache. Nur noch selten sah ich mir seine Seite auf Facebook oder sein Foto in What´s App an. Ja, es gab sogar Phasen, in denen ich gar nicht an ihn dachte. Die Liebe, die ich für ihn empfand, war noch immer da, aber sie gehörte genauso zu mir wie meine Hände oder meine Atmung. Meine Sehnsucht nach einer Beziehung, nicht nur mit ihm, sondern generell, war äußerst gering. Ich war mir in weiten Teilen meines Lebens selbst genug, hatte eine Tochter, die ich liebte, und Freunde, auch wenn die einen Partner nicht ersetzen konnten. Doch richtig einsam fühlte ich mich nie.

Und meine finanzielle Situation war eben so, wie sie war. Ich wartete nicht auf eine Änderung und maß meinen Erfolg nicht mehr in Geld. Plötzlich war ich frei. Frei, eine neue Wohnung zu suchen, auch wenn ich Stefan dann nicht mehr treffen würde. Frei, mit dem zu planen, was ich hatte und nicht mehr alles davon abhängig zu machen, dass es irgendwann mehr sein würde. Ich hatte die »Wenns« in meinem Leben beseitigt.

Und wie so oft in meinem Leben kamen mit diesen Änderungen auch die Gelegenheiten. Plötzlich war da eine Wohnung, wie ich sie mir vorgestellt hatte. Ländlich, aber doch nicht zu weit von Mariams Schule, mit eigenem Garten, in dem wir mit den Hunden die Natur genießen konnten. Und genauso unerwartet setzte der Erfolg meines Buchs ein. Zwar stetig, langsam und für uns noch nicht finanziell spürbar, aber er war da.

In den Zeiten, in denen mir die Kreativität fehlte, eine neue Geschichte oder ein neues Sachbuch zu schreiben, konzentrierte ich mich auf Korrektorat und Lektorat von Manuskripten und fand immer mehr Gefallen daran. Es fühlte sich nicht wie Arbeit an und das war ein untrügliches Zeichen dafür, dass es die richtige Beschäftigung für mich war.

Vier Jahre in Deutschland lagen nun hinter uns und wir waren endlich wirklich angekommen. Es war ein gutes Gefühl und ich freute mich auf den weiteren Weg. Mariam war nun in der zweiten Klasse und hatte sich wirklich gut entwickelt. Jeder, der sich ausführlich mit ihr beschäftigte, war erstaunt, wie gut sie alles verarbeitet hatte. Sicherlich, es gab hier und da Verhaltensmuster, die durch das Erlebte erklärt werden konnten, jedoch nicht in einem größeren Umfang als bei anderen Kindern. Mit der Unterstützung der Schule und dem Wissen um die Gründe war es möglich, Mariam langsam und sanft bei der Entwicklung in die richtige Richtung zu unterstützen. Manchmal erkannte ich Eigenheiten an ihr, die sie eindeutig von Sayed »geerbt« hatte und war froh, dass ich dies durchaus mit einem positiven Gefühl zur Kenntnis nehmen konnte.

Kapitel 9

Wir waren nun drei Monate in der neuen Wohnung und ich saß gerne in unserem Garten und schrieb. Während ich gerade tief in einer spannenden Geschichte versunken war, die ich Korrektur las, piepte mein Handy. Eine What's App-Nachricht. War ich früher immer sofort gesprungen, wenn das Telefon klingelte oder eine Nachricht hereinkam, so hatte ich mir angewöhnt, jetzt nur dann zu antworten, wenn ich auch wirklich Zeit hatte. Irgendwann hatte ich eingesehen, dass ich weder in der Lage war, drei Leuten gleichzeitig in einem Chat zu antworten, noch dazu verpflichtet, immer dann Zeit zu haben, wenn andere es sich wünschten. Und da ich gerade beschäftigt war, wollte ich noch nicht einmal wissen, wer mir da gerade geschrieben hatte. Doch irgendetwas veranlasste mich, von meiner neuen Regel abzuweichen.

Seufzend wandte ich mich von dem Buch auf meinem Laptop ab und meinem Handy zu. Als ich es öffnete und sah, von wem die Nachricht stammte, starrte ich einige Sekunden lang entgeistert auf das Display: Stefan. Mein Körper fühlte sich an, also ob mein Blutdruck um ein Vielfaches gestiegen wäre und mir stockte der Atem. Nur in äußerst seltenen Fällen und auch nur in unseren besten Phasen hatte er mir eine Nachricht geschickt. Und nachdem wir nun fast ein halbes Jahr gar keinen Kontakt gehabt hatten und uns nur wenige Male aus der Ferne gesehen hatten, kam diese

Nachricht umso unerwarteter. Ich öffnete sie und las: *Ich hoffe, es geht dir gut. Ich würde sehr gerne mal wieder einen Kaffee mit dir trinken. Gruß, Stefan.*

Ich starrte die Nachricht an und las sie noch dreimal durch. Was war passiert? Wenn Stefan mich sehen wollte, konnte das nur bedeuten, dass sein Verdrängungsmechanismus in Bezug auf seinen inneren Schmerz einfach nicht mehr funktionierte. Niemals hätte er von sich aus wieder den Kontakt mit mir gesucht, weil er genau wusste, dass alleine ein Treffen mit mir ihn daran erinnern würde, dass er nicht das Leben lebte, das er wollte. Ich hatte von gemeinsamen Bekannten gehört, dass seine Herzprobleme immer massiver wurden und war wenig erstaunt darüber gewesen. Doch hatte ich nicht erwartet, dass er sowohl seinen Stolz überwinden als auch mich kontaktieren würde.

Gerne, ich sitze gerade im Garten. Wenn du dazukommen willst, bist du herzlich willkommen.

Ich war mir sicher, dass er weder zu mir in den Garten noch derart spontan noch am selben Tag kommen würde. Mein Herz schlug vor Aufregung und in Erwartung seiner Antwort deutlich schneller.

Ich bin in einer halben Stunde da. Gibst du mir deine Adresse?

Dies schien der Tag der Irrtümer meinerseits zu sein. Ich schrieb ihm die Adresse und wollte schon ins Haus rennen, um mir etwas Nettes anzuziehen, als ich innehielt und mir sagte, dass ich so, wie ich war, vollkommen okay war. Ich hatte vor Stefan mehr als einmal einen seelischen Striptease veranstaltet, da konnte er mich auch in Schlabberhose und T-Shirt sehen. Bewusst und wenig ehrlich gelassen setzte ich mich wieder hin. Ich wollte mich wieder an mein Buch begeben, konnte mich aber nicht konzentrieren. Mein Kopf-Kino ließ mich anschaulich alle möglichen Varianten sehen, die zu diesem unerwarteten Besuch geführt hatten. Ich war gespannt, aufgeregt und sehr nervös, auch wenn ich das lieber nicht gewesen wäre.

Als nach 25 Minuten Stefan im Garten stand, war ich fast euphorisch, aber auch entsetzt. Es hatte immer wieder Phasen gegeben, in denen er nicht besonders gut ausgesehen hatte. Manchmal hatte er richtig alt und eingefallen gewirkt, wenn er mehrere Nächte nicht schlafen hatte schlafen können, weil er litt und wusste, dass er etwas ändern müsste. Doch jetzt war ich besorgt. Sein Gesicht schien einem 60jährigen zu gehören, sein schlanker Körper wirkte knochig und seine Augenringe zeugten von Schlaflosigkeit.

»Stefan!«, rief ich und versuchte es mit einem Lächeln.

»Petra, es ist schön, dich zu sehen«, sagte er, doch sein Lächeln erreichte seine Augen nicht.

Ich bot ihm einen Stuhl und etwas zu trinken an.

»Oder ist es dir lieber, wenn wir in die Wohnung gehen?«, fragte ich ihn.

Es konnte ihm eigentlich nicht recht sein, dass uns hier jeder sehen konnte.

»Nein, es ist schön hier. Aber danke. Du siehst gut aus. Es freut mich, dass es dir gut geht. Und dass du mit dem Buch solchen Erfolg hast.«

Er hatte also mein Leben zumindest ein wenig verfolgt. Das freute mich.

»Ja, es ist angenehm, wenn Ruhe einkehrt und so langsam ein Ende der Probleme in Sicht ist«, antwortete ich. »Ich würde dir das Kompliment ja gerne zurückgeben, aber du scheinst mir ziemlich angeschlagen zu sein«, versuchte ich betont lässig, ihn zum Reden zu bewegen.

Er schwieg einen Moment und ich konnte sehen, dass er nach den richtigen Worten suchte. Eine Seltenheit bei ihm, denn er hatte sich eigentlich immer unter Kontrolle und wusste, wie er sich ausdrücken musste.

»In den letzten Wochen ist viel passiert und eines ging mir nie aus dem Kopf: Ich habe dir nie eine Antwort gegeben. Auch wenn du gar keine verlangt hast. Aber ich würde das jetzt gerne nachholen.«

Ich sah ihn nur erstaunt an. Antwort auf was? Doch dann dämmerte es mir: das Geständnis über meine Liebe zu ihm! Nun wurde ich doch nervös. Vielleicht wollte ich das alles gar nicht hören. Oder vielleicht doch?

»Es hat mich beeindruckt, wie offen und selbstsicher du über deine Gefühle gesprochen hast, es hat mich umgehauen, dass eine Frau wie du meint, mich zu lieben, dass es wirklich jemanden gibt, der mich über Jahre liebt und nichts von mir erwartet. Und ich dachte, dass es nicht wahr sein kann.«

Stefan redete langsam und leise. Er konnte mich dabei nicht ansehen und ich wusste, wie viel ihn diese Sätze kosteten. Deshalb schwieg ich und ließ ihn reden.

»Es hat mich glücklich gemacht, aber es hat mich auch geängstigt. Ich durfte dich nicht lieben, denn es hätte mich innerlich umgebracht, wenn ich das zugegeben hätte nach deiner Erklärung. Und ich hätte mich davon nie wieder erholt, wenn du es nicht so gemeint hättest. Und ich hatte dir nichts zu bieten.«

»Du hattest mir immer etwas zu bieten. Mehr als du ahnst. Alleine, dass es dich gab, hat in den meisten Fällen schon geholfen«, erklärte ich ihm sanft.

Ich hatte Angst, seine plötzliche Offenheit durch ein falsches Wort zu beenden.

»Du hast mal zu mir gesagt, dass es im Leben nur Liebe oder Angst gibt und dass Angst immer der falsche Ratgeber ist. Ich habe nur aus Angst gehandelt. Ich weiß nicht, wann ich das letzte Mal ehrlich zu mir selbst war, oder zu meiner Frau oder zu meinen Kindern. Als du gesagt hast, dass schon in der Bibel steht, dass Gott will, dass wir glücklich sind, habe ich gewusst, dass es stimmt. Aber ich habe mir immer gesagt, dass ich das doch nicht tun kann. Andere verletzen, Versprechen brechen, die ich einmal gegeben habe, Verpflichtungen ignorieren. All das eben. Manchmal war ich so weit, dass ich alles hinschmeißen wollte, aber dann ... Ich konnte den letzten Schritt nie gehen. Und dann habe ich angefangen, mir einzureden, dass ich doch glücklich bin, dass ich alles habe.« Stefan schwieg für einen Moment. »In den letzten Wochen war es nicht einfach. Ich konnte nicht mehr. Konnte nicht mehr meine Rolle zu Hause spielen, konnte nicht mehr ignorieren und dieser Wunsch, endlich glücklich zu sein, es zumindest zu versuchen, wurde so stark ... Ich konnte einfach nicht mehr.«

Stefan hatte Tränen in den Augen und er tat mir unendlich leid, aber ich konnte und wollte ihm den Schmerz nicht nehmen. Schmerzen waren sein Wegweiser, sie zeigten ihm, wie den meisten anderen Menschen und mir insbesondere auch, wo er nicht authentisch war und etwas ändern müsste. Und Stefan hatte schon zu viele falsche Abzweigungen genommen, weil er so gut im Verdrängen von Schmerzen war. Er musste es einmal fühlen.

»Ich habe dich verletzt, und alle anderen auch und das tut mir leid«, sagte er leise.

»Ach, Stefan, wenn mich etwas verletzt hat, dann der Schmerz, den du dir selbst zugefügt hast. Manchmal wollte ich dich schütteln, bis du es verstehst«, erklärte ich ihm.

Ich hätte am liebsten mit ihm geweint. Teils aus Erleichterung, dass wir endlich redeten, teils aus Mitleid mit ihm.

»Nein, es war nicht richtig. Ich hätte ehrlich zu dir sein sollen, zumindest das hätte ich dir geben können, aber ich hatte Angst.« Er lachte bitter. »Schon wieder dieses Wort: Angst.«

Eine Weile schwiegen wir beide.

»Ich bin ausgezogen.«

Überrascht sah ich ihn an. Damit hatte ich nun überhaupt nicht gerechnet. Hoffnung keimte in mir auf.

»Ich habe es allen erklärt, habe meinen Koffer gepackt und bin gegangen. Einfach so. Und das erste Mal fühlte ich mich frei. Vielleicht war da ein kleiner Teil, der immer noch Angst hatte, aber ich konnte nicht mehr. Ich habe nicht mehr geschlafen, nicht mehr gegessen, war bei der Arbeit nur körperlich anwesend und mein Arzt sagte, dass die Herzprobleme zu massiv wären, um so weiterzumachen wie bisher. Also bin ich gegangen und habe die Angst ignoriert.«

»Ich finde, dass das die einzig richtige Entscheidung war. Du hast etwas getan, um glücklich zu werden. Das ist gut«, bestätigte ich ihm sein Handeln. »Und ich sage dir das nicht, weil ich froh bin, dass du jetzt hier sitzt und frei bist. Ich wünsche dir wirklich, dass du dein Glück findest«, erklärte ich ihm meinen Satz.

»Ich weiß, was du meinst. Und das war ja lange Zeit eins meiner Probleme. Ich konnte nicht glauben, dass du mich einfach so gelassen hast, wie ich war. Und ich kann es heute immer noch schwer glauben. Aber eins muss ich dir noch sagen: Es war nie böse oder rein egoistisch, wie ich mich dir gegenüber verhalten habe. Ich wollte, dass es dir gut geht und dir nicht zumuten, mit einem verheirateten Mann eine Affäre zu haben. Und Mariam auch nicht. Nicht nach dem, was ihr erlebt habt. Wenn es denn einmal so sein sollte, dass ich dir eine ehrliche Antwort geben könnte, dann wollte ich frei sein und alles geregelt haben.«

»Und? Hast du das?«, wollte ich wissen und wartet gespannt auf seine Antwort. Die würde mir zeigen, wohin die Reise ging.

»Ja, ich denke schon. Aber willst du meine Antwort noch hören?«

»Stefan, ich bin glücklich alleine. Ich weiß nicht, ob eine Beziehung zwischen uns funktionieren würde, aber das ist ja auch gar nicht das Thema. Es geht im Moment nur darum, dass du einmal aussprichst, was seit drei Jahren ausgesprochen werden sollte. Deshalb: Ja, ich will deine Antwort hören.«

Ich wollte ihn nicht beeinflussen. So lange hatte ich durchgehalten, ihn losgelassen und ihm alles Glück dieser Welt ohne mich gewünscht, dass ich jetzt nicht auf den letzten Metern anders handeln wollte.

Stefan atmete tief ein und wieder aus. Er sah mich einen Moment unsicher an, dann wollte er sprechen, hörte aber sofort wieder auf. Ich konnte ihm ansehen, wie schwer ihm das fiel.

»Alles, was du mir gesagt hast, war sehr ähnlich bei mir. Nur, dass ich viel länger gebraucht habe, um den Kampf gegen meine Gefühle aufzugeben. Ich liebe dich und es ist mir nicht leichtgefallen, das zuzugeben. Denn alleine das bedeutete schon, meine Frau zu betrügen. Aber so ist es nicht, oder? Ich habe meine Frau sehr lieb und ich wünsche ihr nur das Beste, aber das zwischen uns ist anders. Ich fühle dich, ich weiß, was du denkst, was du fühlst, ich fühle mich im Einklang mit Gott und der Welt, wenn wir zusammen sind. Und wie du so schön gesagt hast: Alleine die Tatsache, dass wir einmal echte Liebe erfahren, ist so unglaublich und wichtig, dass es fast alles wert ist. Wenn Gott uns glücklich sehen will, dann kann das nicht falsch sein. Und wenn er mich liebt, wie ich bin, wird er mir vergeben, wenn das ein Fehler sein sollte.«

Wir schwiegen eine ganze Weile. Nach all dieser Zeit war es wirklich fast zu viel für mich, plötzlich all das zu hören. Ich hatte mich so daran gewöhnt, dass Stefan unerreichbar war und sich nie für eine Trennung von seiner Familie entscheiden würde, dass mein Verstand völlig überfordert zu sein schien mit dieser Entwicklung.

»Ich bin froh, dass du hier bist und dass du dich so entschieden hast. Und ich bin froh, dass du endlich ehrlich zu mir warst. Danke!«

Wir warteten beide, ob der andere noch etwas sagen würde. Doch ich wusste in diesem Moment nicht wirklich, was das hätte sein sollen. Oft hatte ich für mich festgestellt, dass wir uns eigentlich gar nicht so gut kannten. Wir wussten nicht, was der andere für Musik hörte, was er gerne aß, was er für Eigenarten hatte. Nie hatten wir uns wie normale Menschen kennengelernt. Eigentlich hatten wir das Pferd von hinten aufgezäumt, mit Liebe angefangen, waren über tiefgreifende Gespräche gegangen und nun an einem Punkt zu lernen, welche Rahmenbedingungen der andere mitbrachte. So schwer es mir auch fiel, das zuzugeben, aber ein normales Kennenlernen wäre für uns beide das Beste und besonders für Stefan, der so viel über sich selbst zu lernen hatte.

»Petra, wie geht es weiter? Was willst du?«, wollte Stefan wissen.

»Ich will, dass du deinen Weg gehst, dass du glücklich wirst.«

Innerlich hätte ich mich für diesen Satz ohrfeigen können. Aber meine andere, liebevolle Seite lobte mich dafür.

»Du willst keine Beziehung mehr mit mir?«

Ich konnte die Angst in seinen Augen sehen, dass es zu spät sein könnte für uns.

»Das habe ich nicht gesagt, aber ich denke, dass wir beide nie die Gelegenheit hatten, uns entspannt kennenzulernen. Wir fühlen uns ganz genau, aber Fakten wissen wir kaum übereinander. Und nebenbei ist es wichtig, dass du entscheidest, was du willst. Wenn du mit deiner neu gewonnenen Freiheit nach Timbuktu auswandern willst, weil dich das glücklich macht, dann tu es. Und vielleicht komme ich mit, weil es mich auch glücklich macht. Aber gib dir und uns Zeit. Du brauchst sie, um herauszufinden, was du willst und wohin dein Weg geht.«

Ich wollte vermeiden, dass ich Stefan sehr schnell wieder verlieren würde, nur weil er vom Regen in die Traufe, also in eine neue Abhängigkeit, ging. Ich hatte so viel erlebt, dass ich sicher sein wollte, dass er wusste, was er tat. Ich war bestimmt nicht mehr das angepasste Weibchen und mit meinem Leben eher ein bunter Vogel. Mit mir zusammen zu sein, würde ihn bestimmt vor einige Herausforderungen stellen und ich war mir noch nicht sicher, ob ich ungehindert meinen Weg weitergehen oder ihm zuliebe Einschränkungen hinnehmen würde oder ob er vielleicht mir zuliebe leiden würde. Es gab vieles herauszufinden zwischen uns.

»Und wenn ich weiß, dass ich dich will?«, fragte er.

»Dann bin ich sehr glücklich. Trotzdem wäre es schön, wenn wir einfach Tag für Tag sehen, wo wir stehen und vor allen Dingen, was wir wollen. Und wenn wir uns einfach wie normale Menschen kennenlernen und sehen, ob wir uns nicht nur lieben, sondern auch mögen«, lachte ich ihn an.

Ich hätte ihn am liebsten mitten im Garten überfallen und abgeküsst, aber gleichzeitig war es mir wichtig, dass seine

Entscheidung dieses Mal von Dauer war und er wusste, was er tat.

»Gut, damit kann ich leben.« Zumindest lächelte er jetzt wieder.

»Stefan, du musst dich wieder kennenlernen, fühlen, was richtig für dich ist, ohne diese ganzen Anforderungen von außen. Nur dann wirst du glücklich und nur dann kann es auch ein glückliches 'Wir' geben. Mir fällt das auch nicht leicht, dich nicht gleich morgen zu heiraten, aber vielleicht wird es für uns beide das erste Mal im Leben klappen, wenn wir es ein wenig anders angehen. Wo doch bei uns beiden sowieso schon alles irgendwie immer anders lief.«

Nun lachte er. Es wirkte befreiend auf mich, denn bislang hatte ich mir wirklich Sorgen gemacht, ob er das alles durchstehen konnte.

Wir saßen noch einige Stunden zusammen. Wie immer verging die Zeit, die wir miteinander verbrachten, wie im Flug und bald musste ich Mariam von der Schule abholen. Auch sie würde sich freuen, Stefan wieder öfter zu sehen. Sie hatte ihn immer sehr gemocht.

Stefan und ich verabredeten uns für den übernächsten Abend. Wir würden zusammen essen gehen. Ich konnte es kaum glauben. Wenn das nicht mal eine Entwicklung war. Ich hoffte nur, dass Stefan auch wirklich auf seinem nun eingeschlagenen Weg bleiben würde. Aber nachdem er so weit gekommen war, konnte ich mir kaum vorstellen, dass er mich noch einmal komplett aus seinem Leben ausschließen würde.

Kapitel 10

Zwei Tage später saßen wir in dem Biergarten eines wunderhübschen, italienischen Restaurants in der Nähe eines Sees und teilten uns einen Vorspeisenteller. Stefan hatte mich um sieben Uhr abgeholt, nachdem ich Mariam mit ihrem Lieblingsspielgefährten und seiner Mutter bei mir zu Hause mit allem versorgt hatte, was sie eventuell brauchen könnten. In den letzten Jahren hatte ich nicht oft die Gelegenheit gehabt, abends wegzugehen, besonders nicht in ein nettes Restaurant ohne Kind. Hinzu kam, dass ich die letzten beiden Nächte kaum ein Auge zugetan hatte und mich immer wieder kneifen wollte, um sicherzugehen, dass ich das alles nicht nur träumte.

Dementsprechend waren meine Vorbereitungen für den heutigen Abend ausgefallen: Kleid an, Kleid aus, Hosenanzug an, Hosenanzug wieder aus. Wie viel Aufwand man mit Klamotten betreiben konnte, war mir bis zu diesem Abend nicht wirklich klar gewesen oder zumindest schon so lange her, dass ich mich nicht mehr erinnerte. Vor allen Dinge erstaunte mich, was ich in der Lage war, in simple Kleidungsstücke hinein zu interpretieren! Zu aufreizend, zu offenherzig, zu konservativ, zu langweilig. Konnte man wirklich seine Vorbereitungen für ein einfaches Abendessen mit einem tollen Mann damit beginnen, sich zu überlegen, was man erreichen wollte und wie man wirken wollte, um dann entsprechend die Kleidung und das Make-up auszuwählen? Mir war das irgendwie zu stressig.

Am Ende war ich so genervt, weil sich einfach in meinem Schrank nichts finden lassen wollte, was passend war, dass ich mich für ein Mittelding von allem entschied. Schwarze Leggins (passt einfach immer und zu fast jedem Anlass) mit einem sehr weiten Shirt, das genug Ausschnitt hatte, um aufzufallen. Wofür hatte ich Rundungen, wenn sie eh niemand sah? Und dann das Make-up. Ganz ohne wäre nicht dem Anlass entsprechend gewesen, zu viel würde als aufgetakelt gelten. Gut, dass in dem Bereich die Auswahl bei mir eh nicht so groß war. Da Stefan recht groß war und lange Beine hatte, konnte ich Schuhe mit Absatz sowieso gleich vergessen, weil ich ansonsten nicht in der Lage gewesen wäre, mit ihm Schritt zu halten. Oder er hätte sich schon für seine Verhältnisse wie eine Schnecke bewegen müssen. Also Ballerinas. Hatte ich nicht mal irgendwo gehört, dass Männer Ballerinas total schrecklich fanden? Irgendwann wurde es mir zu bunt. Bedeuteten diese ganzen Gedanken, dass ich mich wieder zurückverwandelte in eine Frau, die alles tat, um einem Mann zu gefallen? Wurde ich etwa rückfällig? Oder war das einfach nur weibliche Eitelkeit, die mir als solche nicht auffiel, weil ich sie so lange nicht benötigt hatte?

Kurz vor sieben bekam ich dann das große Nervenflattern. Vielleicht stellten wir fest, dass wir uns zwar gut über tiefgreifende Probleme unterhalten konnten, für Smalltalk aber gänzlich ungeeignet waren oder mit dem anderen überhaupt gar nichts gemein hatten. Und was würde nach dem Essen passieren? Was wäre, wenn wir endlich einmal auch den Drang zu körperlicher Nähe verspüren würden? Wäre das zu schnell? Würde ich ihn dadurch unter Druck setzen?

Mein Vorteil war schon immer gewesen, dass ich irgendwann, wenn es zu viel wurde, einfach die Nase voll hatte und das Denken komplett aufgab. Dann konnte ich wieder entspannen und ich selbst sein. Und genau das passierte in diesem Augenblick. Mir reichte es. Ich war ein nervliches Wrack und hatte keine Lust darauf. Also wurde alles gleichgültig und jedes Ergebnis willkommen geheißen, Hauptsache, dieses Heckmeck war endlich vorbei. Und genau in diesem Moment schellte es. Mariam war schneller an der Tür als ich und begrüßte Stefan überschwänglich. Sie hatte ihn schon immer sehr gemocht und hängte sich sofort an ihn. Ich grinste ihn nur an und zuckte mit den Schultern. Er hatte es nicht anders gewollt, denn ich hatte ihm angeboten, draußen auf ihn zu warten. Aber er redete gerne mit Mariam und fragte sie über die Schule aus. Nach zehn Minuten setzte ich dem Ganzen ein Ende und schickte Mariam zurück zum Spielen, verabschiedete mich von allen und ging mit Stefan zum Auto.

Auf der Fahrt waren wir ein wenig befangen. Es war einfach so ungewohnt, zusammen in einem Auto zu sitzen und zu einem gemeinsamen Essen zu fahren. Bisher hatten wir nie ein zeitlich offenes Ende bei unseren Treffen gehabt. Nie war es länger als eine Stunde geworden und nun hatten wir alle Zeit der Welt. Daran mussten wir uns erst einmal gewöhnen. Außerdem war es für mich immer klar gewesen, dass Stefan verbotenes Terrain war, und so war mir zwar manches Mal der Gedanke gekommen, dass er ganz schön gut aussah, aber an diesem Abend, als er in meiner Wohnung stand, in seiner von mir so geschätzten schwarzen Jeans, bei der mir vor Jahren das erste Mal bei einem Mann das Wort »sexy« durch den Kopf geschossen war, standen hinter diesem Gedanken eine Million mögliche Möglichkeiten. Wer wollte es mir also übel nehmen, dass ich etwas befangen war?

Alles löste sich aber in Wohlgefallen auf, als wir erst einmal am Tisch saßen und in die Karte starrten, unschlüssig, was wir essen sollten. Was wohl daran lag, dass wir beide nervös waren.

Also sagte ich: »Am besten wir nehmen so einen gemischten Teller mit Vorspeisen und teilen uns den, dann brauchen wir uns nicht entscheiden.«

Seine Antwort war ein Lachen und der Satz: »Gute Idee«, der irgendwie alles löste.

Was so ein Vorspeisenteller nicht alles für positive Wirkungen haben konnte! Und einmal im Gespräch, fielen uns immer neue Dinge ein, die wir über den anderen noch wissen wollten. So hatte ich bisher keine Ahnung gehabt, dass er mehrere Brüder und Schwestern hatte. Er wusste dafür nichts von meiner winzigen Familie, die eigentlich nur aus meiner Mutter, einer Tante, einer Cousine und einem Cousin bestand, zu denen wir aber wenig Kontakt hatten. Und so ging es, über den Vorspeisenteller gebeugt, erst einmal an die Eckdaten unserer Leben. Wir lachten viel, bekamen kaum mit, was wir da in uns hineinschaufelten und achteten weder auf unsere Umgebung noch auf die Zeit. Ein Luxus, den sich keiner von uns bei unseren sonstigen Treffen hatte gönnen dürfen.

Irgendwann wurde es dunkel und die Beleuchtung bestand nur noch aus wenigen, gedimmten Lampen und Kerzen auf dem Tisch. Ich war vorher nie der Typ für romantische Augenblicke gewesen und eher peinlich berührt, wenn sich ein derartiger Moment ergab. Aber mit Stefan schien ich auf Schnulzen zu stehen, denn als er mich mit diesem Blick ansah, bei dem mir schon immer heiß und kalt gleichzeitig geworden war, weil ich in seinen Augen seine Gefühle für mich sehen konnte, fand ich alles wunderschön und perfekt. Besonders, als er meine Hand in seine nahm. Was war das noch für ein Vorsatz mit Zeit lassen und kennenlernen gewesen? Egal, war bestimmt nicht so wichtig.

»Ich habe dich wirklich vermisst. Und eigentlich habe ich schon länger eine Entscheidung getroffen, was ich im Leben will. Ich will glücklich sein«, sagte Stefan lächelnd.

Ich nickte nur und sah auf den Tisch vor mir. Dann sah ich ihm prüfend in die Augen.

»Ich will einfach nur, dass du dir die Zeit nimmst zu entscheiden, was du mit deinem Leben anfangen willst«, versuchte ich, meine Entscheidung zu erklären.

»Und es ist nicht vielleicht ein kleines bisschen Angst, einen Schritt weiter zu gehen, nachdem wir uns beide so sehr daran gewöhnt haben, ohne den anderen zu leben?«

Er zwinkerte mir zu. Erwischt. Vielleicht kannte er nicht mein Lieblingslied, aber meine Gedanken waren absolut kein Geheimnis für ihn.

»Nun ja, vielleicht ein klitzekleines bisschen«, grinste ich.

»Weißt du, ich will glücklich sein. Und für mich gehört Liebe zum Glück. Und dass ich dich liebe, ist keine Frage. Also gehörst du zu meinem Glück«, erklärte er mir. »Das war für den Kopfmenschen Petra«, lachte er.

Und ich lachte mit. Alles war so einfach. Warum sollten wir uns jetzt irgendeinen Zwang antun, nur weil unser Kopf sagte, dass es besser so wäre? Wir würden einfach sehen, wohin uns unser Gefühl brachte und fertig.

»Du hast Recht. Lass uns sehen, was passiert. Es hat lange genug gedauert«, stimmte ich ihm also zu.

Nach dem Essen setzten wir uns noch ein wenig auf eine Bank am See. Ich wurde langsam zum Fan romantischer Situationen und so war es wenig verwunderlich, dass aus dem Händchenhalten irgendwann eine Umarmung wurde. Die körperliche Nähe zu Stefan war für mich mehr als ungewohnt. Sie gehörte zu den Tabuthemen der Vergangenheit und ich brauchte einen Moment, um meinen Kopf davon zu überzeugen, dass es so schon seine Richtigkeit hatte. Als Stefan mich küsste, war der Kopf schon gar nicht mehr da. Ich fühlte nur noch. Und was für Gefühle. Hatte ich vorher jemals geküsst? Alles ein Abklatsch dessen, was gerade passierte. Wenn einfache Gespräche mit Stefan mich schon in meine innere Mitte gebracht hatten, glich dies nun einer Energieexplosion. Ich begann zu verstehen, was energetisch zwischen Menschen passiert, die sich lieben und sich auf jeder möglichen Ebene vereinigen. Und ich hatte keine Ahnung, ob ich danach nicht einen Platz im Krankenhaus brauchen würde. Ich war überwältigt von meinen Gefühlen und Stefan schien es ähnlich zu gehen. Nur ungern trennten wir uns an diesem Abend voneinander. Aber wir hatten ja noch so viele weitere vor uns ...

Kapitel 11

Kannst du eine Lesung in Hamburg machen? Da ist vor Weihnachten ein Büchermarkt und es werden Autoren gesucht, die ihre Bücher vorstellen«, fragte Daniela, die mir bereits mehrere Lesungen bei einer großen Buchhandlungskette vermittelt hatte und ich war ihr wirklich zutiefst dankbar für alles, doch an diesem Morgen war ich irgendwo anders.

»Petra?«, hakte sie nach.

»Hmm? Oh, sorry. Was hast du gesagt?«, fragte ich sie.

»Alles okay bei dir?« Sie klang ein wenig verzweifelt.

»Jaja, alles gut. Ich hatte nur wenig Schlaf letzte Nacht«, erklärte ich ihr.

»Wieder Ägypten?«, wollte sie wissen.

»Nein, ganz und gar nicht. Eher das Gegenteil«, grinste ich ins Telefon.

»Wie, das Gegenteil?«

»Nun ja, es war ein eher freudiges Ereignis, das mich wachgehalten hat. Um genau zu sein, ein ziemlich lang herbeigesehnter Mann.«

Mein Privatleben war durch meine Bücher sowieso nur noch beschränkt privat und Daniela hatte sich sehr engagiert, um mir zu helfen und wir hatten schon öfter auch persönlicher geredet. Also konnte ich ihr getrost von Stefan und mir erzählen. Der war vor wenigen Minuten nach Hause gefahren. Wenn man das nach den letzten Wochen noch als sein Zuhause bezeichnen konnte, denn er verbrachte mehr

Zeit bei Mariam und mir als bei sich. Wir hatten gegenüber Mariam zwar alles langsam angehen lassen, aber eigentlich war sie mit dem Wunsch an ihn herangetreten, dass er bei uns einziehen sollte. Und ich genoss es, die beiden zusammen zu beobachten. Zwar mussten wir uns noch einmal ernsthaft darüber unterhalten, wie wir in Fragen der christlich-esoterischen Erziehung reagierten, denn da unterschieden wir uns gewaltig, aber ansonsten war er geduldig, einfühlsam und eine wundervolle Ergänzung zu mir, wenn es um meine Tochter ging.

Und auch sonst passte erstaunlicherweise vieles, von dem ich nie geglaubt hätte, dass es passen würde. Allerdings nur, weil wir beide wussten, dass unser Glück nur über gegenseitigen Respekt und Freiraum funktionieren würde. Und so versuchte Stefan nicht, mich auf eine seiner langen Wanderungen mitzunehmen, während ich es unterließ, ihm die Karten zu legen. Wir entdeckten am anderen eine neue Welt, die unseren Horizont enorm erweiterte.

»Aber egal!«, versuchte ich auf den eigentlichen Grund von Danielas Anruf zurückzukommen. »Wenn ich meinen gesamten Anhang mitbringen kann, komme ich gerne.«

»Der da wäre?«

»Mariam und Stefan. Die Hunde bringe ich für eine Nacht schon unter.«

»Übrigens: Wie weit bist du mit dem Fortsetzungsroman?«, wollte Daniela wissen.

»Gute Frage, ich brauche immer noch einen Anwalt, der mal in Ägypten den Fall vorantreibt und Mahmoud die Papiere abnimmt.«

»Und wenn ich da jemanden gefunden hätte?«

Ich stutzte. Hatte ich etwas verpasst?

»Nun, dann würde ich ihn nehmen und machen lassen«, sagte ich vorsichtig. »Verschweigst du mir etwas?«, wollte ich wissen.

»Also, ich an deiner Stelle würde mir mal die folgende Telefonnummer von dem Anwalt aufschreiben und dann sagst du mir mal, wie es mit dem Fortsetzungsroman voran geht. Er wird sein Gehalt in deinem Fall wohl vom Erlös deiner Wohnung abziehen.«

Innerlich jubelte ich. Endlich konnte ich etwas tun. Es ging alles weiter und die Dinge entwickelten sich mehr als positiv. Ich dankte Daniela überschwänglich und rief gleich bei dem Anwalt in Deutschland an, der auch in Ägypten zugelassen war.

Zur Feier des Tages hatte ich Lasagne gekocht, das absolute Lieblingsessen meiner Tochter und von Stefan ebenfalls für gut befunden. Als beide zur Tür hereinkamen, empfing ich sie mit einem Strahlen im Gesicht. Stefan war in den letzten Tagen dazu übergegangen, auf dem Weg zu uns Mariam von der Schule abzuholen, was für mich eine wirkliche Zeit- und Benzinersparnis bedeutete. Und Mariam freute sich, mit ihm in der Schule angeben zu können. Schon lange hatte sie davon geredet, dass sie gerne einen neuen Papa hätte, denn Sayed betrachtete sie lediglich als ihren Vater, der »krank« war und den sie lieber nicht sehen wollte, weil er böse gewesen war und anderen weh getan hatte.

Ich versuchte, in ihrer Gegenwart völlig wertfrei über Sayed zu reden und ihr klarzumachen, dass die Vorfälle mit ihr nichts zu tun hatten. Jedoch konnte ich ihr ruhigen Gewissens nicht erzählen, dass er sie liebte. Denn daran glaubte ich nicht. Meines Erachtens nach hätte er dann wenigstens einmal versucht, in Kontakt mit ihr zu treten oder mir für sie bei meinem Besuch in Ägypten das mitgegeben, um das sie durch mich gebeten hatte. Und so ließ ich sie Stefans Anwesenheit genießen und freute mich, dass sie neben mir und ihrer Oma einen weiteren Menschen hatte, dem sie vertraute. Stefan freute sich, denn er mochte sie sehr und er genoss die Aufmerksamkeit von Mariam. Er war ein Naturtalent, wenn es um den Umgang mit Kindern und Jugendlichen ging und fand oftmals die Worte, die mir fehlten, wenn es darum ging, etwas zu erklären.

»Hmmm, Mama, riecht das lecker. Was ist das?«, fragte meine Tochter nun.

»Lasagne, Schatz. Wir feiern.«

»Lecker, Salagne«, freute sich Mariam.

Obwohl ich seit Jahren versuchte, ihr das Wort »Lasagne« beizubringen, konnte sie es sich einfach nicht merken. Sie sprach die schwierigsten Wörter, aber dieses eine wollte einfach nicht richtig in der Erinnerung bleiben und wir lachten gemeinsam darüber.

»Was feiern wir denn?«, mischte sich nun auch Stefan ein.

»Wir feiern, dass Daniela einen ägyptischen Anwalt in Deutschland gefunden hat, der sein Gehalt von meiner Wohnung abzieht, wenn alle Papiere stimmen, und dass wir drei über Nacht nach Hamburg fahren, weil ich da eine Lesung geben werde. Ich hoffe, ich überrolle dich damit nicht, aber du bekommst doch bestimmt einen Tag frei.«

»Fliegen wir dann, Mama?«, wollte Mariam wissen.

»Nein, Engel, nach Hamburg können wir mit dem Auto oder dem Zug fahren.«

»Ooohhh, schade.«

Mariam wollte schon lange einmal wieder fliegen und ihr größter Traum war ein langer Urlaub in einem anderen Land am Meer mit ganz viel Strand und Sonne. Leider hatte es sich bisher noch nicht einrichten lassen, dass wir einmal in den Urlaub fuhren. Mein Traum, endlich unabhängig von Hartz IV zu sein, ließ bei der Erfüllung noch etwas auf sich warten.

»Bald, Süße. Wenn alles gut geht, können wir das in den nächsten Ferien bestimmt schaffen.«, versprach ich ihr.

Nach dem Essen unterhielt ich mich mit Stefan über die Ergebnisse meines Anrufs. Der Anwalt, den ich nun hatte, hatte mich darauf aufmerksam gemacht, dass alle Vollmachten noch bei Mahmoud lagen und es sehr zeit- und kostenintensiv sein würde, ihm diese zu entziehen und neue für einen anderen Anwalt zu erteilen, wenn ich nicht nach Ägypten reisen konnte.

»Aber du hast nicht wirklich vor, das zu tun, oder?«, wollte Stefan wissen.

»Hmmm, eigentlich nicht. Es sei denn, du kommst mit.«

»Nach Ägypten? Hältst du das für sinnvoll? Sayed will dich schon umbringen, wenn du da noch mit einem neuen Partner auftauchst, wird ihn das bestimmt nicht besänftigen.«

»Aber er könnte nicht mehr von einem Unfall reden und zwei Menschen zu verfolgen und aus dem Weg zu räumen, ist wahrscheinlich sehr viel schwieriger und zudem noch teurer. Ich habe gehört, ihm geht das Geld aus und er muss nach El Fayoum zurück. Dann wäre es wiederum einigermaßen sicher.«

»Ist es das wirklich wert? Ich weiß, du musst mit dem Thema abschließen und ich unterstütze dich da voll und ganz. Aber dein Leben aufs Spiel zu setzen für die Wohnung ist etwas ganz anderes.« Stefan war sichtlich besorgt, denn er wusste, dass ich zu sehr spontanen Reaktionen fähig war.

»Es wäre alles so einfach. Ein Tag und alles wäre über die Bühne.«

»Ja, und du musst mindestens eine Woche bleiben.«

»In der ich vielleicht auch noch etwas aus der Wohnung holen könnte.«

Stefan sah mich ungläubig an. »Wenn noch was in der Wohnung ist, das du haben möchtest, und wenn du dann wirklich da reinkommst und wenn Sayed dich nicht vorher irgendwo findet. Petra, ich liebe dich und ich unterstütze dich gerne, aber verlieren möchte ich dich nicht.«

Ich seufzte. Er hatte ja Recht und ich würde eben versuchen müssen, alles von Deutschland aus zu regeln.

»Ich liebe dich auch. Lass uns sehen, was der Anwalt erreicht.«

Kapitel 12

Walid, der deutsch-ägyptische Anwalt, war teuer, aber effizient und schlau. Nur wenige Tage, nachdem ich mit ihm telefoniert hatte und ihn um eine Kalkulation seiner voraussichtlichen Kosten gebeten hatte, kam sein Schreiben. Flog ich mit ihm nach Ägypten, war er zuversichtlich, für 2.000 Euro alles erledigen zu können. Kalkulierte ich Flug und Hotel, war ich insgesamt bei 3.000 Euro. Musste alles von Deutschland aus geregelt werden, wäre dies nur 500 Euro teurer. Der Zeitfaktor sollte eigentlich keine Rolle spielen, denn nach mehr als vier Jahren machten es einige wenige Wochen nun auch nicht mehr aus.

Ich merkte, dass ich Gründe suchte, um nach Ägypten reisen zu können. Das Land war immer mein Traumland gewesen und nur wegen Sayed hatte sich das nicht geändert. Doch konnte ich das wirklich tun? Mariam hatte noch ihre Oma, aber ihre Mutter würde sie mehr brauchen. Und ich hatte zwei Mal Glück gehabt. Ein drittes Mal sollte ich es besser nicht versuchen, auch wenn ich der Überzeugung war, dass das Denken und die Einstellung zu den Dingen die alles entscheidende Sache war.

Ich war bereit, auch mit Stefan zu diskutieren und wusste, dass ich ihn am Ende würde überzeugen können. Alleine würde er mich nicht fliegen lassen. Aber es war einfach zu riskant. Und Garantien für einen Erfolg gab es nicht. Niemand wusste, was Mahmoud tun würde, ob er ohne weiteren Druck die Papiere aushändigen und sich ruhig verhalten würde. Keiner konnte vorher wissen, ob Sayed sich in Hurghada oder El Fayoum aufhalten würde und meine Anwesenheit wäre ihm sicherlich innerhalb von wenigen Stunden bekannt. Sollten sich nicht noch irgendwelche Neuerungen ergeben, die meinen Aufenthalt in Hurghada ungefährlicher machten, sollte ich es besser sein lassen.

Ich ging noch einmal in mich, dachte gründlich über Pro und Kontra nach, wägte ab und fühlte in mich hinein. Es blieb dabei, dass ich nicht fliegen würde.

Nachdem Walid einen unterschriebenen Vertrag von mir bekommen hatte, diskutierten wir das weitere Vorgehen, denn er wollte versuchen, Mahmoud in einem Telefonat von Ägypter zu Ägypter dazu zu bewegen, die Unterlagen freiwillig herauszugeben. Ich war mir nicht so sicher, ob die Idee wirklich gut war und Walid verstand das. Denn vielleicht würde Mahmoud Sayed informieren, dem das Wasser finanziell gesehen anscheinend bis zum Halse stand. Die Folgen waren nicht abzusehen.

In Anbetracht der Tatsache, dass Zeit kaum eine Rolle spielte und die Kosten nur unwesentlich höher sein würde, wenn Walid den sicheren Weg ohne Mahmouds Kooperation ging, entschieden wir uns dafür, dass Walid Mahmoud ohne dessen Wissen alle Vollmachten entziehen und neue auf sich selbst ausstellen würde. Danach würde er von ihm die Herausgabe der Unterlagen fordern, notfalls mit einem Gerichtsbeschluss. Alles Weitere würde ein Kinderspiel werden, zumindest in Bezug auf die Wohnung.

Die Villa meiner Mutter war eine andere Sache, doch konnte Sayed mit der nicht wirklich etwas anfangen. Die Eigentümerfirma des Villenkomplexes war informiert, dass es Streitigkeiten um die Eigentumsverhältnisse gab, und würde sich da weder einmischen, noch einem Verkauf vor einer endgültigen gerichtlichen Regelung zustimmen. Einziehen konnte Sayed nicht, weil es sich noch um einen Rohbau handelte, der lediglich außen fertiggestellt war. Die Villa war somit für ihn nutzlos und reines Druckmittel.

»Es wäre hilfreich, wenn Sie jemanden hätten, der uns Informationen über Sayed liefern könnte.«

Walid war eben Ägypter und Informationen waren für die das halbe Leben.

»Ja, sicherlich, aber zuverlässig ist von den Menschen, die ich da unten kenne, keiner. Sayed wird niemandem seine Pläne verraten, von dem er weiß, dass er sie mir mitteilen könnte.«

»Aber wenn ich Sie richtig verstanden habe, hatten Sie doch immer einen sehr guten Kontakt zu seinem Neffen. Könnten Sie den nicht wieder aufleben lassen?«

Den Kontakt zu Karim wieder aufleben lassen? Wollte ich das wirklich? Und war das so wichtig? Ich sah ja ein, dass es von Vorteil wäre, Sayeds Pläne zu kennen, aber alles hatte seine Grenzen.

»Das könnte ich bestimmt, aber vertrauen könnten wir diesen Informationen auch nicht zu 100 Prozent. Karim geht da eher im Moment zweigleisig vor«, gab ich zu bedenken.

»Nun, es könnte trotzdem helfen. Zumindest wüssten wir, wo Sayed sich aufhält, und könnten so unsere Schlussfolgerungen ziehen.«

»Ich werde darüber nachdenken.«

Und das würde ich wirklich. Im Moment fühlte ich nur Ablehnung bei dem Gedanken daran. Außerdem würde Karim sicher wissen, dass ich nicht ohne Grund plötzlich wieder den Kontakt suchte. Und mit Stefan müsste ich darüber auch reden.

Als ich Stefan am Abend von dem Gespräch mit Walid berichtete, reagierte er gelassen. An seiner Antwort und meiner erleichterten Reaktion darauf merkte ich, dass ich noch einiges über meinen Freund zu lernen hatte, aber auch noch einige tiefsitzende Prägungen durch Karim und Sayed bei mir vorhanden waren.

»Immerhin hat er dir und Mariam das Leben gerettet. Du solltest darüber nachdenken, ob du nicht vielleicht doch ein freundschaftliches Verhältnis zu ihm aufbauen kannst. Und wenn es dir dann noch hilft ...«, meinte Stefan.

Erstaunt sah ich ihn an. Ich erinnerte mich an seine Reaktion, als wir uns auf einen Kaffee getroffen hatten und ich ihm von Karim und mir erzählte hatte.

»Okay, aber wir waren ja nun auch eine ganze Zeit lang zusammen und Ägypter sind da nicht so gestrickt wie Deutsche. Im Regelfall ergeben sich nach dem Ende einer Beziehung keine Freundschaften und ich bezweifle, dass Karim es als normale Trennung angesehen hat. Ich denke eher, dass er es als Beleidigung empfindet und mich zudem als sehr rücksichtslos und egoistisch sieht. Seines Erachtens nach bin ich wenig dankbar und noch weniger kompromissfähig.«

»Und? Bist du das?«, fragte Stefan.

Entrüstet sah ich ihn an. Meinte er das ernst?

»Natürlich bin ich ihm dankbar für alles, was er für mich getan hat. Aber ich hatte einfach genug davon, nach seiner Pfeife zu tanzen«, verteidigte ich mich.

»Petra, ich will dich nicht angreifen, aber meinst du nicht, dass du ihm einfach signalisieren kannst, dass du ihn verstehst, ihm dankbar bist und mit ihm in Kontakt bleiben willst als Freund?«

»Ich hätte nun wirklich nicht erwartet, von dir so einen Satz zu hören.«

»Und ich hätte nicht erwartet, dich gerade bei diesem Mann an deine Überzeugungen erinnern zu müssen. Du glaubst daran, dass alles seinen Sinn hat, dass jeder Mensch in jeder Situation seines Lebens sein Bestes gibt und daran, dass alle Menschen eins sind und du demnach alle genauso lieben solltest wie dich selbst. Aber bei Karim wendest du das nicht an.«

»Doch, tue ich. Aber ich muss ihn doch nicht gleich als Freund zurück in mein Leben lassen. Wenn mir etwas nicht gut tut, dann darf es auch gerne gehen. Und Karim ist immer gerade auf der Seite, die ihm am besten liegt« erklärte ich Stefan. Ich wusste, da war ein Körnchen Wahrheit und vielleicht hatte ich zu extrem reagiert, aber musste ich das jetzt einsehen?

»Nein, Karim ist immer noch ein Extrem für dich und es würde dir guttun, damit abzuschließen. Ruf ihn an, erklär' es ihm und warte ab, wie er reagiert.«

Entgeistert starrte ich Stefan an. Entweder er vertraute mir und unserer Beziehung absolut und uneingeschränkt oder er war einfach naiv. Kein Mann würde seiner Freundin zu einer Freundschaft mit ihrem Exfreund raten, von dem er wusste, dass dieser noch immer in sie verliebt war. Zumindest nahmen wir das an.

»Nun gut. Ich rufe ihn an. Aber nicht mehr heute.«

»Nein, nicht mehr heute, denn heute besprechen wir noch ein paar andere Dinge.«

Ich sah Stefan an, dass ihm etwas auf der Seele brannte und hatte schon bei seinem Heimkommen gemerkt, dass er nicht so fröhlich war wie sonst. Deshalb sah ich ihn nun auffordernd an und machte es mir bequem.

»Du hast immer zu recht gesagt, dass ich sehen muss, was ich zum Glücklichsein brauche und dass ich einfach konsequent diesen Weg gehen muss, auch wenn es manchmal weh tut. Und du hattest Recht. Wenn man einmal seine Komfortzone verlassen hat, ist es das nächste Mal einfacher. Bisher lief zwischen uns beiden alles so wundervoll, wie ich es niemals erwartet hätte, aber es gibt da eben auch Menschen, die mir am Herzen liegen und irgendwann muss ich das alles unter einen Hut bekommen.«

Mir wurde ganz flau im Magen, denn Gespräche dieser Art waren bisher selten in meinem Leben zu meinen Gunsten ausgefallen. Hatte ich etwas übersehen oder nicht mitbekommen? Oder war Stefan mit mir gar nicht so glücklich wie ich mit ihm? Am liebsten hätte ich ihn geschüttelt, um das Ende seiner Rede vorwegzunehmen, aber ich blieb äußerlich ruhig und gelassen.

»Ich war heute bei meiner Frau und habe mit ihr lange geredet. Sie kann mich nicht im Guten gehen lassen. Das tut weh, weil sie weiß, dass ich nicht glücklich war. Und sie hat mir mitgeteilt, dass sie zu ihrer Familie ziehen wird, wenn ich nicht zurückkomme. Mit den Kindern.«

Stefans Kinder waren schon fast erwachsen und hatten wenig positiv auf die Trennung ihres Vaters von der Mutter reagiert. Aber Stefan hatte gehofft, dass sich das legen würde. Nun schien es eher so, als ob sie ihn alle noch mehr unter Druck zu setzen versuchten.

»Das tut mir sehr leid. Kannst du nicht noch einmal versuchen, mit ihnen zu reden?«, fragte ich ihn.

»Nein, ich habe ihr gesagt, dass die Entscheidung bei ihnen allen liegt und ich sie nicht zwingen werde, in meiner Nähe zu bleiben. Und dass ich sie verstehen kann, wenn sie zu ihrer Familie will.« Er holte tief Luft und sah mich prüfend an. »Ich habe ihr gesagt, dass ich bei einem Anwalt war und die Scheidung einreichen werde.«

Völlig überrumpelt und mit offenem Mund starrte ich ihn an. Mit dieser Wendung hatte ich nun gar nicht gerechnet. Scheidung? Er wollte wirklich diesen Weg bis zum Ende gehen? Ich war geplättet.

»Und das meinst du ernst? Du würdest deine Kinder fast gar nicht mehr sehen, wenn sie in Bayern wohnen, und es wäre zwischen dir und deiner Frau wirklich endgültig vorbei. Ganz zu schweigen von deiner Familie, die das doch mit Sicherheit überhaupt nicht nachvollziehen könnte.«

»Richtig, aber meine Kinder sind groß und an den Wochenenden würde ich sie sowieso nur selten zu Gesicht bekommen. Und es gibt ja Skype und das Telefon. Außerdem könnten sie mich besuchen und ich sie. Und meine Familie wird sich mit der Situation arrangieren müssen. Denn ich habe nicht vor, einen Rückzieher zu machen.«

Freude breitete sich in mir aus. Er würde nicht zurückgehen. Dieses Mal würden wir nicht wiederholen, was wir jahrelang praktiziert hatten. Dieses Mal blieb er anscheinend. Ich atmete innerlich auf und jubilierte.

»Hattest du ernsthaft etwas anderes erwartet?«, fragte er mich.

»Ich weiß es nicht, Stefan. So oft haben wir einen Schritt nach vorne und dann wieder fünf zurück gemacht, dass ich mich einfach noch nicht daran gewöhnen kann, dass es dieses Mal anders ist. So vieles ist in den letzten Wochen plötzlich so positiv gelaufen, dass ich dem einfach noch nicht vertraue. Prägungen eben.« Ich versuchte, ein wenig Lockerheit in das Gespräch zu bringen.

»Ich war noch nie so glücklich, ich habe mich noch nie so angenommen und wohl gefühlt wie in den letzten Wochen mit dir und wenn mich die Menschen so nicht wollen, dann lieben sie mich nicht. Zumindest nicht genug.«

Ich ging zu ihm und umarmte ihn. Reden konnte ich in diesem Moment nicht.

»Und was machen wir nun daraus?«, fragte ich ihn.

»Ich würde sagen, wir treten zukünftig vor allen als Paar auf und geben unseren Familien Gelegenheit, sich darüber zu freuen, dass wir glücklich sind.«

»Und wie genau hast du dir das vorgestellt?«, wollte ich von ihm wissen.

»Ich finde, Weihnachten ist eine sehr gute Gelegenheit. Und vielleicht haben wir bis dahin auch eine Wohnung gefunden, in die ihr beide mit mir ziehen wollt und die groß genug für uns alle ist?«

Sein Satz endete mit einem Fragezeichen und ich fragte mich, ob ich mich gerade verhört hatte oder er mich indirekt gebeten hatte, offiziell mit ihm zusammenzuziehen.

»Ernsthaft? Und du bist dir da sicher? Ich meine, mein Chaos mit deinem Ordnungssinn, mein Esoterikkram mit deinen christlichen Sachen? Und mein widderlicher Kopf zusammen mit deinem?«

»Liebst du mich?«

»Was für eine dumme Frage.«

»Dann sag ‚ja'.«

»JA!«

Kapitel 13

Nur wenige Tage später sah ich auf meinem Handy seit langer Zeit wieder eine Nachricht von einer ägyptischen Nummer, die ich in meinen Kontakten noch nicht gespeichert hatte. Als ich sie öffnete, war mir sofort klar, dass es Karim war. Er war dazu übergegangen, seine arabischen Sätze von einem Übersetzungsprogramm ins Deutsche übersetzen zu lassen und mir dieses Kauderwelsch dann zu schicken. Aus einem Reflex heraus wollte ich die Nachricht schon löschen, erinnerte mich dann aber an Walids und Stefans Worte.

Ich versuchte also das zu verstehen, was Karim mir in dieser Nachricht mitteilen wollte. Den ungefähren Sinn konnte ich erahnen, sicher war ich mir jedoch nicht. Lange saß ich da und starrte auf die Nachricht, bevor ich wieder zu meiner Arbeit zurückkehrte. Ich schrieb an meinem Buch und war gerade an einem Punkt, an dem es einfach nicht weitergehen wollte. Die Nachricht von Karim hatte nicht gerade dazu beigetragen, dass es nun besser lief.

Wieder las ich sie durch in der Hoffnung, nun mehr zu verstehen. Irgendwann gab ich auf – sowohl das Schreiben als auch die Nachricht – und nahm stattdessen das Aus-, Um- und wieder Einräumen des Kleiderschranks in Angriff.

»Was hat dich denn dazu bewogen, an einem stinknormalen Tag im Winter einen Frühjahrsputz durchzuführen?«

Stefan umarmte mich von hinten und gab mir einen Kuss. Ich erwiderte nichts, sondern gab ihm nur mein Handy mit der Nachricht.

»Aha. Ist das Karim? Und kannst du mir das übersetzen?« Er lächelte dabei, was mir zeigte, dass er immer noch der Meinung war, dass ich mit Karim reden sollte.

»Ja. Und nein, leider nicht. Ich überlege, ihn anzurufen und mir die Übersetzung direkt von ihm zu holen.«

Ich überlegte wirklich. Aber zu einem Ergebnis war ich immer noch nicht gekommen.

»Und warum tust du es dann nicht einfach?«

»Weil ich nicht weiß, ob ich das wirklich will. Eigentlich mag ich die Ruhe, die im Moment in Bezug auf Ägypten herrscht. Walid kümmert sich und ich tue so, als ob schon alles abgeschlossen wäre.«

Immerhin konnte ich ehrlich sein.

»Genau, und was würde passieren, wenn du nicht mehr so tust?«

»Gute Frage, wahrscheinlich würde es wieder Nachrichten hageln, Karim würde versuchen, mich davon zu überzeugen, dass er mich wahnsinnig liebt und dich einfach ignorieren, und Sayed würde Verdacht schöpfen und wieder seine Telefonterror-Menschen auf mich hetzen.«

»Kannst du irgendwas davon nicht bewältigen?«

»Ähm, nein?«

»Gut, dann ruf ihn an. Ich bin da, wenn du mich brauchst.« Sagte es und ging in die Küche.

Perplex sah ich ihm hinterher. So einfach war das. Nun gut. Wahrscheinlich war es das wirklich und wenn ich nicht die ganze Zeit meine Gedanken darauf gerichtet hätte, dass alles von vorne anfangen würde, sondern darauf, dass ich etwas in ein Gleichgewicht brächte, das seit langen Monaten nur darauf wartete, würde alles bestimmt gut werden. Vielleicht war es sogar wirklich möglich, ein freundschaftliches Verhältnis zu Karim aufzubauen. Nicht nur wegen der Informationen oder wegen Walid, sondern einfach, weil er ein netter Mann war, der Mariam und mir sehr geholfen hatte, und weil ich ihn jahrelang sehr gemocht hatte, bevor ich eine Beziehung mit ihm eingegangen war. Zumindest von meiner Seite musste ich das klären. Was Karim daraus machte, lag an ihm.

Ich fasste mir ein Herz und nahm das Telefon in die Hand, um seine Nummer zu wählen. Irgendwie war ich nervös. Ich hatte einiges zu sagen, das mir nicht leicht fiel, und wusste, dass Karims Reaktionen darauf bestimmt nicht erfreut sein würden.

»Hallo«, ertönte aus nach mehrmaligem Klingeln.

»Hi, Karim, Petra hier«, antwortete ich auf Englisch.

Stille. Nach mindestens 100 vergeblichen Versuchen, mich zu einer Reaktion zu bewegen, hatte er bestimmt nicht damit gerechnet, von mir zu hören.

»Habibi, wie geht es dir?«

Das Wort ‚Habibi' löste in mir Widerwillen aus. Ich atmete tief durch und dachte an meine Mission.

»Karim, bitte, ich bin nicht mehr dein ‚Habibi', also lassen wir das, bitte.«

Ich versuchte sehr freundlich zu bleiben. Trotzdem konnte ich fast merken, wie Karim sauer wurde.

»Wie geht es Mariam?«, wollte er wissen. Ein klares Zeichen an mich, dass ich gerade Punkte verloren hatte.

»Gut, danke. Und wie geht es dir?«

»Alles bestens.«

Klare Antwort, die mich dazu verleiten sollte, weiter nachzufragen. Wir hatten diese Spielchen einfach zu oft gespielt, als dass sie mich nun überrascht hätten.

»Sehr schön«, gab ich ihm die von ihm am wenigsten erwartete Reaktion. »Dann erzähl mir doch mal, was in deiner Nachricht steht, die Übersetzung ist nämlich total unverständlich.«

»Ach, nichts. Du willst das bestimmt gar nicht hören«, kam die Antwort der beleidigten Leberwurst.

Ich seufzte.

»Gut, Karim, wenn nichts ist, dann lege ich jetzt wieder auf«, forderte ich ihn heraus.

Ich hatte wirklich keine Lust, mich in alten Gewohnheiten zu suhlen. In diesem Moment guckte Stefan um die Ecke und schaute mich aufmunternd an. Ich streckte ihm die Zunge raus, woraufhin er nur grinste und mir einen Kuss zuwarf. Nun gut, er hatte ja Recht.

»Hör mal, Karim, es tut mir leid, wenn ich mich ein wenig extrem verhalten habe. Ich weiß, dass zwischen uns nicht alles so gelaufen ist, wie es hätte sein sollen, und ich hätte auch ein wenig mehr Verständnis für dich aufbringen sollen. Ich wusste nur am Ende in einigen Bereichen, dass du lügst, und ich bin mir mehr wert, als mit einem Mann zusammen zu sein, der nicht weiß, auf welcher Seite er stehen soll. Trotzdem mag ich dich und bin dir sehr dankbar für alles, was du für Mariam und mich getan hast. Ich kann dir nur meine Freundschaft anbieten. Ob du dich darauf einlässt, ist deine Sache. Aber mehr wird es zwischen uns nicht mehr geben. Und bevor du jetzt versuchst, wie immer nach dem Motto vorzugehen, dass du mich mit genug Ausdauer schon überzeugen wirst, sage ich dir lieber gleich, dass ich mit einem Mann zusammenlebe, den ich sehr liebe.«

Das war ja mal eine Rede! Aber ich hatte alles Wesentliche hineingepackt und war stolz auf mich, dass ich mich mit allem wohlgefühlt hatte. Ich hatte nämlich nicht vor, in irgendeiner Weise zu lügen oder mit vorgetäuschten Gefühlen an Karims Vertrauen zu kommen. Funktionierte es nicht auf die ehrliche Art, sollte es eben nicht sein.

»Wie kommst du darauf, dass ich gelogen hätte?«

Klar, dass er mit diesem Thema anfing. Er musste einfach die Gewissheit haben, dass mir klar war, dass ich die alleinige Schuld an der Situation trug und er absolut richtig gehandelt hatte.

»Karim, lass uns die Diskussionen vergessen. Das ist ein alter Schuh und nicht mehr wichtig«, versuchte ich es noch einmal.

»Und dein neuer Mann lässt dich so einfach mit mir reden? Deutsche Männer sind wirklich komisch«, musste er weiter reizen.

»Stefan ist weder komisch noch unmännlich. Im Gegensatz zu dir ist das Wort ‚Vertrauen' für ihn aber kein Fremdwort. Wir müssen den anderen nicht kontrollieren.«

Peng, da hatte er es doch geschafft, mich zu reizen. ‚Alles, was in Resonanz mit mir geht, hat noch eine Ursache, die es zu bearbeiten gilt', sagte ich mir selbst. ‚Merk dir den Punkt, Petra!'

»So, und was willst du dann von mir?«, wollte Karim wissen.

»Ähm, darf ich dich daran erinnern, dass du mir endlos viele Nachrichten geschrieben hast?« Er ärgerte mich.

»Weil ich dachte, dass ich dir etwas bedeuten würde.«

»Was du auch tust. Als Freund.«

»Hah, Freund!«

»Karim, wenn du das nicht willst, ist es okay. Ich wollte nur, dass du das weißt und habe es dir hiermit gesagt. Mach daraus, was du willst. Du hast ja meine Nummer«, brachte ich das Gespräch zu einem Abschluss.

»Gut!«

»Gut. Dann, auf Wiederhören.« Ich legte auf.

»Das klang ja nicht gerade nach einem harmonischen Gespräch«, erklang es von der Tür.

»Nein, nicht wirklich harmonisch. Aber er wird darüber nachdenken und am Ende einen Weg finden, mit mir in Kontakt zu bleiben, ohne seiner Ansicht nach das Gesicht zu verlieren. Dafür wird er mir die Schuld an allem geben, ich werde nicht weiter diskutieren und offiziell habe ich dann den schwarzen Peter und er kann sich gut fühlen. Gut?«

»Wenn es dir dabei gut geht!«

»Bestens«, erklärte ich und verzog dabei das Gesicht. Was hatte ich mir noch mal merken wollen?

Kapitel 14

Die Wohnungssuche von Stefan und mir gestaltete sich schwieriger als erwartet. Eigentlich war es nämlich eine Haussuche. Während ich ihm in der ersten Woche einige schöne Wohnungen um die 100 Quadratmeter mit Garten und mindestens fünf Zimmern gezeigt hatte, wartete Stefan plötzlich mit einem netten, freistehenden Haus auf, das die doppelte Größe aufwies.

»Also, meinst du nicht, dass wir da etwas übertreiben?«, fragte ich ihn eines Abends, während er mir die Vorteile dieses Hauses anpries.

Aber er lachte nur.

»Keinesfalls. Wir hätten viel Raum, jeder ein Arbeitszimmer, Ruhe und viel Platz für Mariam und die Hunde«, stellte er fest.

»Schon, aber wir sind zu dritt. Und da passen mindestens fünf Leute rein. Außerdem muss das ja auch jemand putzen. Und wie du weißt, gehört das nun wirklich nicht zu meinen Lieblingsbeschäftigungen. Außerdem muss das Ganze ja irgendwie finanziert werden. Ich meine, hallo, hier Hartz IV-Empfänger?«

»Deine Unabhängigkeit in allen Ehren, Liebling, aber: Hallo, hier Unidozent?«

»Stefan, ich weiß nicht ...«

Aber eigentlich wusste ich schon. Ich war glücklich, dass er es so sah, fand es schön, dass er es als selbstverständlich ansah, dass er für Mariam und mich mit aufkam. Aber noch immer nagte eine gewisse Unsicherheit an mir, was unsere Beziehung anging. Ja, alles war wunderschön und ich war noch nie so glücklich gewesen, aber wir hatten zusammen auch noch nicht wirklich schlechte Zeiten durchgemacht. Stefan war noch im Rausch des Neuen und testete aus, was ihn glücklich machte, und ich wollte einfach vorsichtig sein. Immerhin musste ich auch für eine Achtjährige mitdenken.

»Okay, ich mache dir einen Vorschlag. Wir bleiben noch ein wenig hier, sehen, wie Weihnachten läuft, und fangen das neue Jahr mit einem neuen Haus und einem Urlaub an.«

Ich riss die Augen auf. Hatte er da gerade das magische Wort ‚Urlaub′ ausgesprochen? 14 Jahre hatte ich das nicht mehr gehabt. Sicher, ich hatte in einem Urlaubsland mit Sonne, Strand und Meer gelebt, hatte in Hotels gearbeitet und war nach Deutschland zu Besuch gekommen, aber so richtig zwei Wochen entspannen, ohne selbst etwas tun zu müssen, hatte ich ewig nicht mehr gehabt. Und es war Mariams größter Traum.

»Moment!« Mir war da etwas eingefallen. »Bedeutet Urlaub deine Art von Urlaub oder meine?«

Wir beide hatten bisher unsere Urlaube extrem verschieden verbracht. Während er nicht ruhig sitzen konnte und am liebsten viel und lange wanderte oder sich jeden Tag eine neue Sehenswürdigkeit ansah, verstand ich unter Entspannung eine wundervolle Liege am Pool mit einem kühlen Getränk neben mir und einem guten Buch in der Hand.

»Keine Angst, ich mag deine Art von Urlaub auch, wenn es mit der richtigen Person ist und die habe ich jetzt ja«, grinste er.

Ich atmete auf. Wir hatten einen Deal.

Alles lief bestens, die Lesung in Hamburg war ein Erfolg und Stefan beschäftigte sich mit Mariam in der Zeit zu ihrer vollsten Zufriedenheit. Karim hatte sich, wie erwartet, nach wenigen Tagen gemeldet und wir näherten uns einer Freundschaft langsam an, auch wenn ich immer noch das Gefühl nicht loswurde, dass er zweigleisig fuhr und sich mit dem Kontakt zu mir bei Sayed absicherte. Walid hatte die Vollmachten in Ägypten aufheben können, war aber bei Mahmoud noch nicht weiter, weil der sich außerhalb von Hurghada aufhielt, aber irgendwann würde er zurück sein und es würde weitergehen. Mein zweiter Roman war fertig und wartete auf Lektorat und Cover und mein Leben entwickelte sich in ungewohnt ruhiger und zufriedenstellender Weise.

Wenn ich jemals gezweifelt hatte, ob sich zwei so unterschiedliche Menschen wie Stefan und ich miteinander arrangieren konnten und ob ich dabei meinen Grundsätzen treu bleiben konnte, konnte ich dies nun ohne Einschränkung bejahen. Natürlich waren zwei Widder mit ihren Dickschädeln und ihrer Ungeduld unter einem Dach manchmal sehr explosiv, aber die Liebe zwischen uns ließ uns den anderen immer mit Respekt behandeln und unsere Diskussionen über alle möglichen Themen und Glaubenssätze waren immer geprägt von der Hochachtung vor dem Weg, den der andere hin zu seiner Meinung gegangen war.

Wir waren sicherlich nicht immer einer Meinung, ließen den anderen aber seinen Weg gehen und konnten ihn sogar dabei begleiten, auch wenn wir es anders gemacht hätten. Kurz: Es war ein Traum.

Bei den ersten Begegnungen mit der Familie des jeweils anderen lief es dann nicht ganz so ideal. Denn meine Mutter hätte sich sicherlich etwas anderes vorgestellt als einen

Mann, der gerade seine Frau und Kinder verlassen hatte, und Stefans Mutter fand, dass ich ihn geradewegs in die Hölle geschickt hätte, weil er seine Versprechen vor Gott gebrochen hatte. Dafür stellten wir Weihnachten fest, dass sich beide Frauen sehr schnell wieder beruhigten und sich an den Gedanken zu gewöhnen schienen, dass sie nicht ihren Willen bekommen sollten. Es war vielleicht ein wenig anstrengend für uns, aber durchaus auszuhalten.

Silvester wollten wir dann alleine verbringen, während meine Mutter bei Mariam und den Hunden blieb. Wir hatten uns überlegt, dass wir keine große Party besuchen wollten, sondern einfach in ein schönes Restaurant gehen würden und dann vom höchsten Punkt der Stadt dem Feuerwerk zusehen würden. Erwähnte ich das mit der Romantik bereits? Dieses Mal sollte es noch romantischer werden, denn als wir um Mitternacht alleine, nur umgeben von Wiesen und Bäumen, das Feuerwerk beobachteten, nahm Stefan mich in den Arm. Er sah mich lange an, lächelte und nahm dann meine linke Hand.

»Du bist das Beste, was mir passieren konnte, und ich bin so glücklich mit dir, dass ich es kaum ausdrücken kann. Ich weiß, dass ich noch nie jemanden so geliebt habe wie dich und es auch bestimmt nie wieder tun werde. Ich danke Gott jeden Tag für die Chance, die er mir gegeben hat. Und auch, wenn es vielleicht etwas früh ist, weil ich noch die Scheidung abwarten muss, will ich dir sagen, dass ich mir absolut sicher bin, dass ich mit dir den Rest meines Lebens verbringen will. Willst du mich heiraten?«

Völlig perplex sah ich ihn an. Damit hatte ich nun wirklich nicht gerechnet. Immer hatte ich mir vorgestellt, dass mich einmal jemand, den ich liebe, fragen würde, ob ich ihn heiraten wolle und musste dann Sayed fast selbst darum bitten.

Bei Stefan war ich davon ausgegangen, dass wir vielleicht einfach nur zusammenleben würden. Und nun fragte er mich in einem wundervoll formulierten, romantischen Heiratsantrag doch. Und hatte sogar einen Ring, wie ich bemerken musste. Ich heulte einfach los, wahrscheinlich nur, um kitschigen Roman- und Filmvorlagen auch komplett zu entsprechen, aber ich konnte nur nicken. Er hatte sich sogar erinnert, dass ich vor langer Zeit einmal in einem Nebensatz erwähnt hatte, dass ein Memory-Ring schon immer mein Traum gewesen war, ich aber immer gedacht hatte, dass mein Mann ihn mir einmal schenken würde. Was nie passiert war. Doch nun lag da in einer schönen Schachtel ein traumhafter Memory-Ring, der schon drei Steine trug: einen für jedes Jahr, das wir uns kannten.

»Ich liebe dich auch und natürlich will ich dich heiraten«, sagte ich und fiel ihm um den Hals.

Kapitel 15

»Ich bin gestern aus Hurghada zurückgekommen und wollte mich direkt bei Ihnen melden.«

Walid war ein wenig früh dran. Zwar war es ein normaler Arbeitstag Anfang Januar, aber ich hatte die Nacht damit zugebracht, ein Buch zu lektorieren, das eigentlich schon seit ein paar Tagen überfällig, in dem ganzen Trubel und den Schulferien aber untergegangen war. Zudem musste ich mir ja auch noch Häuser ansehen, die Freundschaft zu Karim pflegen und mein Kind versorgen.

»Tut mir leid, Walid, ich bin heute Morgen etwas langsamer als sonst. Gibt es denn wenigstens gute Neuigkeiten?« fragte ich ihn und drückte auf die Taste für den stärksten Kaffee, den die Maschine hergab.

Meine Dankbarkeit richtete sich in dem Moment auf den Erfinder der Vollautomaten.

»Wie man es nimmt. Gut ist, dass weder Wohnung noch Villa verkauft sind und Mahmoud alle Vollmachten entzogen wurden. Schlecht, dass Mahmoud sich weigert, die Unterlagen herauszugeben, weil Sayed ihm das so eingeredet hat. Geld könnte da helfen, aber ich glaube, dass wir da über Beträge reden, die wenig angemessen sind.«

Ich schnaufte nur kurz abfällig, um Walid mein Missfallen in Bezug auf diesen Vorschlag kundzutun.

»Ich habe dann einen Mitarbeiter zu Ihrer Wohnung geschickt, um die Lage da zu überprüfen und herauszufinden, in wie weit wir Karim vertrauen können. Es scheint, dass er die Wahrheit gesagt hat. Sayed verlässt morgens die Wohnung, kommt mittags für ein oder zwei Stunden wieder und ist bis zum späten Abend wieder weg, wobei er die Mittagspause anscheinend dazu nutzt, Marwa zu verprügeln und die Kinder anzuschreien. Die Nachbarn sind sehr genervt, die Europäer unter ihnen nehmen es hin, weil sie keinen Ärger wollen, die Ägypter bleiben auf der Seite von Sayed, so schlimm sie das auch finden mögen. Am Kamal ist immer noch Security am Haus, zittert aber vor Angst, wenn es um Sayed geht.«

»Und was ist mit der Behauptung von Karim, dass Sayed irgendwelche illegalen Geschäfte macht?«, wollte ich wissen.

»Gute Frage, da brauche ich mehr Zeit. Er hat eine gute Methode entwickelt, bei den Menschen so viel Angst zu erzeugen, dass sie definitiv nicht reden werden. Aber ich bleibe dran. Vielleicht ist aus Karim ja auch noch etwas mehr herauszubekommen. Ich konzentriere mich weiter auf den legalen Weg«, schlug Walid vor.

»Gut, und ich werde sehen, was sich noch in Erfahrung bringen lässt. Vielleicht können wir das Verfahren ja abkürzen.«

Wollten wir, zumindest im Hinblick auf die Villa, einen jahrelangen Rechtsstreit vermeiden, musste es etwas geben, das Sayed genug Anreiz bot, die Villa von selbst oder zumindest nur gegen eine geringe Beteiligung am Verkaufspreis an uns abzugeben. Und da sich die Papiere noch bei Mahmoud befanden und wir noch nicht einmal sicher sein konnten, dass er diese nicht Sayed überlassen hatte, brauchten wir ein anderes Druckmittel.

Dass Sayed das Geld einfach zuflog, das er für sein teures Leben in Hurghada brauchte, glaubte keiner. Das Erbe war aufgebraucht, was die fehlenden energetischen Angriffe auf mich belegten. Trotzdem rauchte Sayed weiterhin mindestens ein bis zwei Schachteln Marlboro pro Tag, was die teuerste Marke in Ägypten war, versorgte zwei Kinder und eine Ehefrau und konnte ein Auto fahren, das sich ja nun auch nicht mit Luft fortbewegte. Anna, zu der er weiterhin Kontakt hatte, war eine Möglichkeit, doch wusste ich aus alten Zeiten, dass sie ihm maximal 1.000 ägyptische Pfund im Monat zahlen konnte und das reichte gerade so, um Zigaretten und Trinkwasser zu bezahlen.

»Ach, Walid, vielleicht kann ihr Mitarbeiter ja mal herausfinden, ob man mit Marwa in Kontakt treten kann. Ich glaube, dass es der inzwischen doch wirklich reichen dürfte und vielleicht gibt es da etwas, das sie braucht, um weit weg von Sayed mit ihren Kindern ein neues Leben anfangen zu können«, überlegte ich laut.

»Gute Idee, aber sie müsste schon klagen, um sicher zu sein, und ob sie das tun wird, finde ich sehr zweifelhaft.«

»Das kommt darauf an, ob sie genug gute Gründe hat. Und wenn sie befürchten müsste, dass es Beweise dafür gäbe, dass ihr erstes Kind nicht von Sayed ist und diese für Sayed zugänglich werden könnten, wäre das ein sehr guter Grund.«

War ich gemein? Oder einfach nur am Ende meiner Geduld? In dem Moment, in dem ich das sagte, fragte ich mich, wie liebevoll so eine Drohung schon sein konnte. All dies ging mir durch den Kopf, während Walid diese neue Information sacken ließ.

»Woher wissen Sie das?«

»Ich weiß das schon sehr lange, schon vor der Geburt des Kindes war das für Karim und mich kein Geheimnis mehr. Aber es ist besser, wenn ich Ihnen diese Geschichte erspare.

Es gibt keine Beweise dafür, aber von den zeitlichen Abläufen her und dem Aussehen des Kindes nach zu urteilen wäre es mehr als wahrscheinlich, dass es stimmt.«

»Ich werde darüber nachdenken«, sagte Walid nachdenklich.

»Und ich auch noch mal. Ich will das alles noch mit meinem Gewissen vereinbaren können, wenn wir fertig sind.«

Und damit verabschiedeten wir uns.

Als Stefan am Abend kam, saß ich nachdenklich mit Mariam vor dem Fernseher und schaute »Der kleine Prinz« mit ihr, immer noch eine ihrer Lieblingssendungen. Ich bemerkte sein Kommen kaum, was so ungewöhnlich für mich war, dass er mich sofort besorgt ansah.

»Alles in Ordnung?«, fragte er mich.

»Ich bin mir nicht sicher«, war meine Antwort.

Auch im Bett lag ich nur da und starrte die Decke an. Ich machte mir Sorgen. War ich skrupellos geworden? Hatte ich einen Rückfall in alte Gewohnheiten? Und hatte die harte Arbeit hin zu einer respektvollen Einstellung gegenüber Marwa und Sayed ihre besten Zeiten hinter sich? Ich hatte mir viel zu wenig Zeit genommen in den letzten Monaten, reflektiert zu leben, zu sehr hatte ich genossen, was passierte und dabei wichtige Verhaltensweisen in die Warteschleife geschoben.

Wo waren meine Meditationen geblieben? Und wo mein Dankbarkeitsritual? Es war fast so, als ob ich mit der neuen Wohnung und dem neuen Partner das Ziel erreicht hätte und zur Tagesordnung übergegangen wäre. Ich musste das ändern.

»Kann ich dir beim Denken helfen oder möchtest du das lieber mit dir alleine ausmachen?« Stefan nahm mich in den Arm und drückte mir einen Kuss auf die Stirn.

»Ach, ich weiß es nicht. Hab ich mich in den letzten Monaten verändert?«, fragte ich ihn.

»Wie meinst du das?«, fragte er vorsichtig.

»Na, ich meine, ob ich anders geworden bin. Bin ich nicht mehr so positiv wie früher? Habe ich meine Einstellung geändert? Rede ich das Eine und mache das Andere? Solche Sachen eben«

»Nein, du hast dich nicht verändert. Du bist vielleicht etwas härter geworden, kompromissloser, aber nicht weniger liebevoll, wenn es das ist, was du befürchtest.«

»Stefan, ich habe heute Walid vorgeschlagen, Marwa damit zu drohen, Beweise dafür an Sayed zu übergeben, dass ihr erstes Kind nicht von ihm ist. Das heißt im besten Fall, dass er sie schnell umbringt. Sie könnte gegen ihn klagen wegen diverser Dinge und sich scheiden lassen, aber sicher wäre sie nicht. Und das alles, weil ich mein Eigentum gerne wiederhaben möchte. Findest du das liebevoll?«, brauste ich auf.

»Nun, nein, das finde ich nicht. Aber du hast es ja noch nicht getan und denkst darüber nach.«

»Aber ich habe es in Erwägung gezogen. Sagt das nicht alles?«

»Nein, Schatz, das tut es nicht. Manchmal brauchen wir ein solches Ereignis, um uns auf den richtigen Weg zurückzubringen. Ein kleiner Schock, zu was wir fähig wären, damit wir korrigieren können. Und das tust du gerade.«

Er konnte mich wirklich aufbauen.

»Ich muss wieder mehr an mir arbeiten. Ich mag unsere Abende zusammen, aber ich ziehe sie dem Meditieren vor. Ich gehe lieber etwas später schlafen und wache dafür auf den letzten Drücker auf und verschiebe mein Ritual zu danken dafür. Ich nehme mir nicht mehr die Zeit, darüber nachzudenken, ob alles noch so ist, wie ich es gerne hätte. Das muss ich ändern«, sagte ich bestimmt.

»Dann tu es. Wenn du willst, helfe ich dir dabei und erinnere dich daran. Aber vielleicht sollten wir auch einfach den Alltag nicht überhand nehmen lassen und uns vornehmen, wieder mehr von den Gesprächen zu führen, die wir früher immer geführt haben. Einmal die Woche gehen wir auf eine Hundewiese und tun so, als ob wir nur die eine Stunde hätten, um alles Wichtige loszuwerden.«

Ich lachte und er grinste mich an. Der Mann war einfach unersetzlich und meine Laune besserte sich sprunghaft. Ich würde den richtigen, den liebevollen Weg gehen und darauf vertrauen, dass alles zu meinem Besten geschah. Auch wenn ich einem ägyptischen Gericht derartige Entscheidungen kaum zutraute.

Kapitel 16

Nur wenige Tage später richtete ich meine Energie dann auf völlig andere Dinge, denn Stefan war eines Tages nach Hause gekommen, hatte gestrahlt wie ein Honigkuchenpferd und mich sofort Richtung Wohnungstür gezerrt. Ich hatte kaum Zeit, meine Jacke anzuziehen, bevor wir auch schon auf dem Weg zum Auto waren.

Eine halbe Stunde später verstand ich seine Begeisterung, denn er hatte von einem Bekannten die Telefonnummer eines Hausbesitzers bekommen, der schnell und günstig ein wundervolles Haus vermieten wollte. Es war nicht weit von Mariams Schule und Stefans Arbeitsplatz entfernt, dafür aber absolut ruhig und ländlich gelegen. Mindestens 500 Meter um das Haus herum war nichts als Landschaft und es lag sogar in der Nähe eines kleinen Sees. Die Aufteilung war ideal, der Garten riesig und die Ausstattung unbezahlbar.

Ich war absolut begeistert. Unser Glück war, dass wir beide auf alte Häuser mit Charme und Balken versessen waren und die Ruhe suchten, was für viele andere Menschen ein Grund war, sich das Haus erst gar nicht anzusehen und zu einer drastischen Reduzierung der Miete geführt hatte. Einziehen konnten wir eigentlich sofort und wir beschlossen, noch vor Ostern alles bewältigt zu haben. Innerlich stöhnte ich, weil ich schon wieder umziehen musste, aber auf der anderen Seite freute ich mich auf ein Leben in diesem wunderschönen Haus zusammen mit Mariam, Stefan und den Hunden.

Meine Motivation, mich um Ägypten zu kümmern, sank immer mehr. Es war nervenaufreibend, zeitaufwendig und anstrengend. Karim unternahm zudem Versuche, mich davon zu überzeugen, dass Stefan doch nun kein wirklicher Mann sei und er der einzige, der mich wirklich liebte, sodass wir mal wieder an dem Punkt angelangt waren, an dem ich ihm ständig Einhalt gebieten und sagen musste, dass wir lediglich Freunde und seine Versuche respektlos wären. Zudem war ich mir sicher, dass es eher das Gesamtpaket war, das ihn reizte, als meine Person.

Dadurch, dass es von Karims Seite nur selten etwas zu berichten gab, war unser hauptsächliches Gesprächsthema Sayed. Eigentlich war Sinn und Zweck der Aktion ja nun auch gewesen, an Informationen zu kommen, nur interessierte mich nicht, dass Marwa schon wieder einmal verprügelt worden war, die Kinder ständig krank waren und Sayed sich schon wieder mit Lügen Geld verschafft hatte. Das alles war nichts Neues und ließ mich erneut über Dinge nachdenken, die ich seit langer Zeit abgeschlossen hatte.

Genau das war meine Befürchtung gewesen, als ich den Kontakt zu Karim abgelehnt hatte. Und mir war auch klar, dass meine Einstellung dazu beigetragen hatte, dass es so gekommen war. Nun musste ich da aber durch und wollte es ändern.

»Karim, können wir uns mal über was anderes unterhalten als Sayed? Ich meine, natürlich interessiert es mich, was aus meiner Wohnung wird, aber solange sich da nichts ändert, brauchen wir uns doch nun wirklich nicht mit einem Thema beschäftigen, dass für uns beide nicht das Angenehmste ist«, versuchte ich, ihn in eine andere Richtung zu bringe.

»Was ist schon angenehm? Das Leben hier ist nun mal alles andere als angenehm. Keine Jobs, kein Geld, keine anständige Wohnung ...«, erwiderte er.

»Ja, ich weiß. Aber wenn du nichts bei dir veränderst, wird sich auch dein Leben kaum ändern. Und wenn du dich weiterhin in deinen Rachegedanken in Bezug auf Sayed suhlst, wird kaum etwas Positives daraus entstehen können.«

Oft hatte ich Karim schon erklärt, dass seine Gedanken so viel verändern konnten und dass Rache nichts brachte außer Ärger, Leid und Schmerz. Aber es schien, als ob er mit der Aufgabe dieser Pläne sich selbst aufgeben würde.

»Ist mir egal. Und wenn ich sterbe, weil ich mich räche und wenn Allah mich dafür in die Hölle schickt. Egal. Das ist es mir wert.«

Ich seufzte. Was sollte ich auch noch sagen, das noch nicht gesagt worden war?

»Du musst wissen, was du tust. Aber, bitte, lass uns über was anderes reden. Wenn es wirkliche Neuigkeiten gibt, können wir die gerne ausdiskutieren, aber ich bin es wirklich leid, dass jedes unserer Gespräche sich nur darum dreht«, entschied ich.

»Gut, wenn es dich nicht interessiert ...«, sagte Karim eingeschnappt wie immer, wenn ich etwas ablehnte, das er für völlig legitim hielt.

»Wann wirst du endlich mit diesen Spielchen aufhören? Die bringen uns doch nun wirklich nicht weiter? Egal, mach, wie du meinst!«

»Du hast gut reden. Du sitzt in einer tollen Wohnung mit genug zu essen und einem Job und einem Mann, der für dich sorgt.«

»Also, bitte, erstens lebe ich hier von Hartz IV, zweitens muss ich an jedem Ende sparen, weil ich Mariams Schule bezahlen will und drittens ist es nicht Stefans Aufgabe, für uns zu sorgen«, ereiferte ich mich.

Ich war es so leid, dass ich mich schuldig dafür fühlen sollte, dass ich in Deutschland in einem Land mit sozialer Absicherung saß.

»Ach, nicht? Was ist dann an ihm so toll?«

»Was an ihm so toll ist? Alles, ich liebe ihn. Allein das macht ihn schon toll.«

»Das hast du von mir auch mal behauptet.«

»Ich werde dir jetzt bestimmt nicht den Unterschied erklären.«

»Und warum nicht?«

»Weil ich keine Lust habe. Wenn es nichts mehr zu besprechen gibt, arbeite ich jetzt weiter.«

Mir reichte es. Sollte er sich doch in seinen Negativgedanken wohlfühlen. Ohne mich.

»Wenn du nicht mehr hören willst, was es Neues zu deiner Wohnung gibt ... Bitte!«

Klar, jetzt kam er mit so was!

»Karim, es reicht. Wenn es etwas gibt, das du mir sagen willst, gerne. Wenn du weiterhin stänkern willst, arbeite ich lieber.«

Na also, meine Reaktionen waren nicht mehr vorhersehbar und einigermaßen im grünen Bereich. In diesem Moment kam Stefan herein, grüßte freundlich in Richtung Monitor und gab mir einen Kuss. Eigentlich normal und vor allen Dingen nicht ungewohnt für Karim oder mich aufgrund unserer Vergangenheit mit jeweils anderen Ehepartnern. Doch nach der Diskussion war ihm das wohl zu viel und er brachte nur noch ein schnelles »Yallah, bye« heraus.

»Mein Fehler, Entschuldigung. Wird das wieder?«, wollte Stefan wissen.

»Klar, mach dir keine Gedanken. In ein paar Tagen hat er sich eingekriegt«, antwortete ich.

Doch da hatte ich mich geirrt. Karim nutzte diese Gelegenheit für eine weitere Kraftprobe. Aber inzwischen hatte ich Geduld gelernt und war mir sicher, dass unsere Beziehungsebene geklärt sein würde, wenn er erkannte, dass er derjenige war, der sich melden musste. Außerdem war ich sehr gut mit Umzugskartons und meiner Arbeit beschäftigt, sodass mir nicht viel Zeit blieb, mich gedanklich mit Ägypten zu beschäftigen. Hinzu kam, dass Stefan bald einen runden Geburtstag zu feiern hatte und ich ihm ein besonderes Geschenk überreichen wollte. Nur fehlte mir bisher noch jede Idee.

Dafür war Walid umso aktiver gewesen. Nach langen Überlegungen und meiner Ablehnung, es unter Anwendung von Druck auf Marwa zu versuchen, hatte er das Wissen um Sayeds finanzielle Engpässe genutzt und vorgeschlagen, derartig viele Klagen am selben Tag gegen Sayed einzureichen, dass dieser eine kompetente Verteidigung kaum würde finanzieren können.

Walid hatte Klagen wegen Körperverletzung (bei mir), Urkundenfälschung (Heirat mit Marwa bei Verleugnung einer existierenden Ehe), Freiheitsentzug (bei mir), Kindesentführung (Mariam ohne meine Zustimmung), Betrugs (falsche Angaben über sein Einkommen sowie in Bezug auf die Villa), Unterhalt (für Mariam) sowie zwei Mal auf Herausgabe von Eigentum (Villa meiner Mutter und meine Wohnung) eingereicht und mit ein klein wenig Nachhelfen bei Gericht dafür gesorgt, dass alle sowohl in Hurghada an Sayed, an seinen Bruder in El Fayoum und seine Anwälte in

Hurghada zugestellt wurden. Hatte Sayed nicht irgendwo eine Goldgrube, würde er seine Anwälte für eine, vielleicht zwei Klagen bezahlen können. Eigentlich brauchte er nun aber eine Rund-um-die-Uhr-Betreuung durch sie und würde rotieren, um irgendwo Geld auftreiben zu können.

Wir waren uns darüber im Klaren, dass wir nur mit einem Bruchteil eine Chance auf Erfolg hatten, aber darum ging es auch nicht. Ich hatte Sayed schon vor zwei Jahren angeboten, ihm eine Art Abfindung zu zahlen, sodass er ein Jahr in Hurghada würde überbrücken können und das würde ich auch immer noch tun, wenn er kampflos Wohnung und Villa übergab und wir die Immobilien verkauft hatten. Und genau hierzu sollte ihn der Ansturm bewegen. Wir gaben ihm eine Chance, sein Gesicht zu wahren, denn ohne das würde er wahrscheinlich erbittert und ohne moralische Grenzen kämpfen.

Vieles hing davon ab, wie das Gericht reagieren würde. Die meisten Klagen betrafen das Zivilrecht, andere wiederum das ägyptische Strafrecht, sodass unterschiedliche Gerichte zuständig waren. Zwar hatte Walid seine Kontakte spielen lassen, doch ägyptische Richter ließen sich nicht gerne unter Druck setzen. Allerdings half es, dass er als Anwalt von Deutschland aus arbeitete.

Nun galt es für mich, darauf zu warten, dass Walid alle Klagen formuliert und eingereicht hatte. Er würde in den Klagen darauf hinweisen, dass die Originalpapiere bei Mahmoud lagen und ihn versuchen, mit einer Kopie der Klagebegründung zu einer Herausgabe zu bewegen. Ein Papier war jedoch inzwischen überflüssig geworden: die Heiratsurkunde von Sayed und Marwa. Ich hatte keine Ahnung, was dafür notwendig gewesen war, aber nachdem ich mich an den Nebenort von Kairo erinnern konnte, in dem

Sayed geheiratet hatte, und angeben konnte, dass dies bei einem Sheikh passiert war, hatte Walid eine Kopie besorgen können. Im Notfall würde er das auch mit den Papieren für meine Wohnung machen.

Nur der Kaufvertrag zwischen meiner Mutter und Sayed für die Villa war nicht im Original zu beschaffen und lag nur in Kopie vor. Aber wir gingen im Moment optimistisch davon aus, dass wir den auch gar nicht benötigen würden. Außerdem war ich froh, dass die deutschen Gerichte scheinbar schneller und einfacher waren, denn Stefans Scheidungstermin war für den Herbst desselben Jahres angesetzt. Es würde also nur noch wenige Monate dauern, bis wir heirateten. Ein Klacks verglichen mit den Jahren, die wir gewartet hatten, um zusammen zu sein.

Kapitel 17

Einen Monat später rief Karim über Skype an. Er hatte lange gebraucht, aber besser spät als nie. Auch war mir das sehr gelegen gekommen, denn wir waren eigentlich schon halb umgezogen. Ein Glück war Stefans Wohnung nur als Übergangslösung gedacht gewesen und ich hatte immer noch meine Secondhand Möbel aus der ersten Wohnung, sodass es uns nicht schwer fiel, uns zu entscheiden, was in das Haus mitkommen sollte und was nicht. Trotzdem gab es jede Menge zu räumen und meist suchten wir nun an zwei Orten nach den Dingen. So war ich wenig entspannt, als mein Computer mir einen Anruf meldete.

»Karim, welch Überraschung!«, sagte ich grinsend. Ich konnte mir die Reaktion einfach nicht verkneifen. »Und bevor du anfängst, mir etwas zu erzählen: Ich akzeptiere!«, lachte ich.

»Wie schön zu sehen, dass es dir so gut geht«, sagte Karim leicht angesäuert.

»Nun, eigentlich nicht ganz so gut. Wir ziehen gerade um und hier herrscht das Chaos«, erklärte ich ihm.

Anscheinend wieder eine falsche Aussage, denn nun konnte er schlussfolgern, dass ich mit Stefan zusammenleben und ihn heiraten würde. Er dachte auch sichtbar darüber nach, ob er eingeschnappt sein sollte.

»Nun, dann wünsche ich euch viel Glück.«

»Ich danke dir. Und wie geht es dir?«, wollte ich wissen.

»Alles bestens, perfekt.« Standardantwort, was hatte ich erwartet.

»Sehr schön.«

Ich wartete, dass er von sich aus etwas sagen würde, denn ohne Grund hatte er sich bestimmt nicht entschlossen, nach dieser Zeit anzurufen.

»Was ist das für ein Anwalt, den du da in Deutschland gefunden hast?«, kam er endlich zum Thema.

»Ein sehr guter, warum?«

»Weil Sayed überall versucht, Geld aufzutreiben. Viel Geld.«

So, es schien also, dass irgendwer irgendwo die Klageschriften angenommen hatte. Ich hoffte nur, dass es nicht Marwa gewesen war, denn das würde ihr schlecht bekommen. Sayed hatte immer darauf geachtet, dass niemand irgendeinem Mitarbeiter vom Gericht Auskunft darüber geben konnte, wo er zu finden war, und ihn in der Wohnung verleugnete. Walid war aber davon ausgegangen, dass zumindest Essam als Mitarbeiter der Polizei eine Annahme für seinen Bruder nicht verweigern würde.

»Sehr schön, dann scheint mein Anwalt ja wirklich gut zu sein«, freute ich mich.

Doch Karim war der geborene Pessimist.

»Sayed wird sich da schon wieder irgendwie herauswinden«, meinte er wenig aufbauend.

»Kann sein, aber erst mal ist er damit beschäftigt, seine Verteidiger zu bezahlen, und nach den ganzen Gefallen, die die ihm schon getan haben, kann ich mir kaum vorstellen, dass er irgendeinen Gefallen erweisen kann, der für sie die Verteidigung in neun Fällen kostenlos rechtfertigen würde.«

»Neun Fälle? Wie habt ihr das denn gemacht?«

»Wir haben einfach alles genommen, was irgendwie nach ein klein wenig Unrecht aussah.«

Ich wollte nicht zu viel preisgeben für den Fall, dass Karim sich mit dem nun sicherlich sehr kooperativen Sayed zusammentun würde.

»Wow! Nicht schlecht. Ich wollte dich nur wissen lassen, dass Sayed alle Gefallen einfordert, die noch ausstehen könnten, leider mit wenig Erfolg. Man sagt, er bräuchte 25.000 LE. Vielleicht ist Essam ja noch mal bereit, etwas zu verkaufen, aber wenn ich richtig gerechnet habe, gibt es da nicht mehr viel.«

Essam hatte, um Sayed zu helfen, das Erbe des Vaters verkauft in dem Glauben, dass Sayed dadurch Wohnung und Villa erhalten, zumindest aber Mariam bekommen und ihm das Geld zurückgeben würde, um die Geschwister auszuzahlen. Doch Sayed war ein Fass ohne Boden geworden. Gelder verschwanden darin nur, heraus bekam man selten etwas. Nun gab es nichts mehr zu verkaufen, denn auf Teilen des geerbten Lands wurde ein neues Haus gebaut. Und nun, nach vier Jahren Investition und nachdem alles getan worden war, um mich einzuschüchtern und auszubremsen, kam eine Welle von Klagen, von denen zumindest eine innerhalb kürzester Zeit zu einer Gefängnisstrafe führen konnte. Zudem hatte Essam, seines Zeichens Polizist, als Zeuge die Heiratsurkunde unterschrieben. Es stand also mehr auf dem Spiel als nur Sayeds Freiheit.

»Tja, dann kann man ihm nur viel Glück bei der Suche wünschen«, sagte ich.

»Sayed wird das bestimmt nicht auf sich sitzen lassen. Und wenn es dazu kommt, dass er wirklich ins Gefängnis muss, solltest du gut auf Mariam aufpassen, denn dann wird die Familie auf Rache aus sein.«

Was wollte er mir damit sagen? Hatte er schon was gehört oder war das echte Besorgnis? Eigentlich konnte ich mir kaum vorstellen, dass Karim Mariam leiden lassen würde, egal wie sauer er auf mich war.

»Ich bin inzwischen umgezogen und wir ziehen jetzt wieder um. So leicht findet er uns dann nicht mehr«, erwiderte ich optimistisch.

»Pass einfach auf Mariam auf. Marwa ist übrigens wieder schwanger«, teilte er mir die Neuigkeit mit, die er wahrscheinlich schon bei unserem letzten Gespräch hatte loswerden wollen. »Der Arzt hat Sayed wieder mal gewarnt, dass das Kind sterben könnte, wenn er so weitermacht, weil er Marwa mal wieder in den Bauch getreten hat, als sie nach diversen Schlägen am Boden lag. Aber du kennst ihn ja ...«

»Sie tut mir wirklich leid. Aber da muss sie selbst einen Weg rausfinden. Ich habe weder das Geld noch die Möglichkeiten, ihr da zu helfen.«

»Sayed sperrt sie ein und keiner hat ihre Handynummer und Besuch bekommen sie sowieso kaum noch. Wie sollte sie schwanger und mit den Kindern im Schlepptau auch da rauskommen.«

»Und Azza?«, wollte ich wissen.

Marwas Mutter hatte meines Erachtens schon während meiner Ehe mit Sayed und auch danach mehr Interesse an ihrem Schwiegersohn gezeigt als an ihrer Tochter und war nie bereit gewesen, ihr zu helfen.

»Wahrscheinlich hat sie zu viel Spaß mit Sayed, um sich auf Marwas Seite zu schlagen. Und für sie ist das ja normal.«

Karim bestätigte meine Vermutung.

»Nun gut, da müssen sie selbst durch. Wie man sich bettet, so schläft man, sagen wir hier in Deutschland.«

Es tat mir leid für die Frauen und beide hatten nie ein leichtes Leben gehabt, aber sie hatten sich das alles sehr einfach vorgestellt: Marwa schläft mit Sayed, Sayed muss Marwa heiraten, Petra verlässt wutentbrannt mit Mariam Sayed und Ägypten, Marwa bekommt Sohn und Erben und Erbe bekommt Wohnung und Villa.

Nun mussten sie mit ihrem Misserfolg leben und hatten nichts, als wieder einmal einen mittellosen, schlagenden Mann.

Ich verabschiedete mich von Karim und schrieb Walid eine Mail mit den neuesten Informationen. Mir war aufgrund meiner früheren Erfahrungen mit dem ägyptischen Rechtssystem klar, dass wir noch ganz am Anfang standen und sich das Ganze noch ziehen würde. Trotzdem: Bisher lief alles nach Plan.

Kapitel 18

Unser neues Zuhause war eine Wohltat. Geräumig, grün und für jeden von uns die Erfüllung eines persönlichen Traums. Selbst die Hunde konnten ihr Glück kaum fassen und trotz der noch kühlen Temperaturen waren wir viel im Garten. Hatten wir vorher auf 80 Quadratmetern unsere Sachen von links nach rechts geschoben und uns beim Arbeiten am Computer entweder abwechseln oder Mariams Schreibtisch nutzen müssen, waren wir nun in der glücklichen Lage, für jeden ein Zimmer zu haben, in dem er sich ausbreiten konnte. Mariam hatte mit dem Dachgeschoss einen großen eigenen Bereich bekommen und wollte gar nicht mehr zu uns nach unten kommen, weil es ihr da so gut gefiel.

Stefan hatte endlich alle seine Sachen da, wo auch wir waren, und entspannte zusehends. Wahrscheinlich auch, weil sein persönlicher Abschluss mit seinem alten Leben in Form der Scheidung in nicht mehr allzu weiter Ferne lag. Seine Kinder standen immerhin mit ihm in Kontakt, auch wenn der noch nicht sehr herzlich war. Sie konnten mit ihrem neuen Vater, der nach Ansicht ihrer Mutter egoistisch und gotteslästerlich gehandelt hatte, noch nicht warm werden.

Ich bewunderte Stefan, wie konsequent er seinen Weg ging. Vielleicht hatte ich bis zu unserem Umzug immer noch damit gerechnet, dass er sich irgendwann wieder eines Besseren belehren und zurückgehen würde. Doch inzwischen war er sich seiner Sache so vollkommen sicher und strahlte dies auch aus, dass ich nicht mal im Traum daran mehr dachte. Auch nach dem ersten Enthusiasmus, den jede neue Beziehung ja mit sich bringt, war zwischen uns alles perfekt und wir für den anderen weiterhin der Traumpartner. Sicherlich, manchmal hatten wir unsere Launen, aber wir empfanden Streitigkeiten immer als positiv und wussten, dass wir daran wachsen konnten. Wir waren uns da sehr ähnlich, denn wenn uns etwas ärgerte oder wir schlechte Laune hatten, konnte uns schon mal etwas herausrutschen, das wir im Nachhinein nicht so gemeint hatten, brauchten dann fünf Minuten, um wieder herunterzukommen und uns zu entschuldigen und sahen sehr schnell ein, dass das Problem an uns selbst gelegen hatte.

Die überwiegende Zeit jedoch bereicherten wir unsere Leben aber durch wundervolle Gespräche, denn unsere Erfahrungen waren sehr unterschiedlich gewesen. Ich genoss es, nach all den Jahren wieder einen Partner an meiner Seite zu haben, und war mir sicher, dass es mit Stefan nie langweilig werden würde. Mariam wusste, dass wir heiraten würden und hatte auch vorher schon geplant, Stefan zu fragen, ob sie ihn »Papa« nennen dürfte. Ich hatte nichts dagegen, wenn es ihr Wunsch war. Stefan fühlte sich geehrt, aber am Anfang auch befangen. Er liebte Mariam und beschäftigte sich viel und gerne mit ihr, aber er war sich unsicher, weil Sayed Mariams Vater war. Doch Mariam erklärte ihm das so, wie sie es empfand: Sayed sei ihr Vater, aber nicht ihr Papa. Und sie wolle einen Papa genau wie Stefan.

Karim ersparte ich diese Neuigkeit, denn unsere Freundschaft war auch so schon ein Minenfeld. Er hatte weiterhin seine Freude daran, über Sayeds Missetaten und Misserfolge zu berichten, denn bisher hatte er keine vernünftige anwaltliche Vertretung, aber mir war klar, dass Karims Ruhe vor Sayed gleichbedeutend mit einer Zusammenarbeit der beiden war, denn gerade in einer solchen Lage hätte Sayed Himmel und Hölle in Bewegung gesetzt, um irgendein Druckmittel gegen mich zu finden. Selbst Mahmoud hatte sich inzwischen dazu entschlossen, die Papiere an Walid auszuhändigen, denn alleine mit diesen konnte er nichts erreichen. Auch Sayed musste eingeleuchtet haben, dass Mahmoud nutzlos geworden war.

Kurz vor Pfingsten kam dann die Nachricht von Walid, dass endlich etwas passieren würde. Die Gerichtstermine waren angesetzt worden und standen kurz bevor. Die strafrechtlichen Angelegenheiten waren endlich vom Gericht aufgegriffen worden. Somit blieb Sayed, sich zu verstecken oder bis zur Verhandlung ins Gefängnis zu gehen. Walid selbst hatte keine Ahnung, wie der Stand der Dinge da war. Wir hofften auf genauere Informationen von Karim, die auch nicht lange auf sich warten ließen.

»Sayed ist weg«, begann er eines Tages das Gespräch.

»Wie, weg?«, fragte ich erstaunt.

»Tja, keiner weiß, wo er ist. Scheinbar war die Polizei in der Wohnung und Marwa war mit den Kindern allein. Sie wollten zu Sayed und drohten, die Tür einzutreten, sollte sie nicht aufmachen. Doch weder das Auto noch Sayed waren da. Dann rief Essam mich an und fragte, ob ich etwas von Onkel Sayed gehört hätte. Meine Mutter sagt, alle in El Fayoum sind besorgt, weil er sich nicht meldet und keiner weiß, wo er ist und Marwa mit den Kindern ohne Geld und Nahrungsmittel in der Wohnung in Hurghada sitzt.«

»Ich kann mir kaum vorstellen, dass er seine Kinder einfach so ohne Essen lässt. Und Marwa ist doch schwanger, die muss doch jemanden da haben!«

»Keine Ahnung, aber das ist nun schon drei Tage her und sie sitzt da immer noch alleine. Essam rief mich an, um mir zu sagen, ich solle mal nach ihr sehen und ihr was zu essen bringen, aber ich habe ihm gesagt, dass er das mit dem Essen vergessen kann. Ich hab auch kein Geld.« Er freute sich sichtbar über die Entwicklung.

»Und was passiert jetzt?«, fragte ich ihn.

»Keine Ahnung. Irgendwann wird Marwa aus der Wohnung müssen. Vielleicht sieht sie das ja als gute Gelegenheit an, einfach abzuhauen, bevor jemand aus El Fayoum von der Familie auf die Idee kommt, sich zu ihr zu begeben. Und mit Sayed ... Weiß nicht, ich denke, er hat von seinem Richterfreund einen Tipp bekommen und versteckt sich irgendwo. Luxor ist weit genug weg und da hat er ja noch ein paar Freunde, die ihn noch immer toll finden«, dachte Karim laut nach.

»Hmmm, alles sehr komisch. Dann bin ich mal gespannt, wie es weiter geht. Vielleicht ist die Wohnung ja bald leer«, sprach ich meine Hoffnung aus.

»Und dann? Wie beim letzten Mal? Sie steht leer und nichts passiert, weil du nicht kommst.«

»Glaub mir, dieses Mal ist alles ein wenig anders. Mein Anwalt weiß, was er tut und er tut es auch. An den kommt Sayed nicht ran«, versicherte ich ihm.

Abends saß ich mit Stefan zusammen.

»Sayed ist verschwunden. Hat seine schwangere Ehefrau und die Kinder in der Wohnung gelassen und ist mit dem Auto verschwunden. Keiner aus der Familie weiß, wo er ist, und die Polizei sucht ihn, findet ihn aber nicht.«

»Ist das gut oder schlecht für dich?«

»Wenn ich das wüsste. Walid meinte, dass er irgendwann irgendwo wieder auftauchen muss. Im Notfall findet die Verhandlung ohne ihn statt. Ich glaube, es ist gut, denn Marwa hat nun eine Chance und bei mir könnte es mit der Wohnung schneller gehen. Allerdings wäre es schon hilfreich, wenn er versuchen würde, über die Villa zu verhandeln, denn dann könnten wir uns den langwierigen Weg vor Gericht ersparen.«

»Na, dann hoffen wir mal, dass bald alles abgeschlossen ist. Nach der langen Zeit würde ich es dir wirklich wünschen.«

Nur wenige Tage später war Marwa weg. Eigentlich war ihr auch kaum etwas anderes übrig geblieben und zudem würde sich eine solche Gelegenheit nicht so schnell wieder ergeben. Sie musste wissen, dass jeder ihrer Träume zerplatzt war und die Immobilien so gut wie verloren waren. Sonst hielt sie nichts bei Sayed und sie wusste, dass sie selbst als geschiedene Frau besser dran sein würde als bei ihrem Ehemann. Ich konnte ihr nur Glück wünschen und genug Intelligenz, es zukünftig besser zu machen. Leider waren die Voraussetzungen in Ägypten dafür weniger gut. Ohne eine Familie im Hintergrund war sie mittellos. Selbst im Falle einer Scheidung war bei Sayed nichts an Unterhalt zu holen und so würde sie arbeiten müssen. Schwanger und mit zwei kleinen Kindern war dies jedoch unmöglich. Ihr Bildungsstand trug auch nicht dazu bei, dass sie bei Arbeitgebern gefragt gewesen wäre. Aber das konnte nicht mein Problem sein.

Nun stand meine Wohnung leer und Walid war der Meinung, dass wir sie schnellstmöglich verkaufen sollten. Dazu musste er jedoch nach Hurghada und in die Wohnung, eine neue Tür einbauen lassen und die Schlösser auswechseln. Zudem musste schnellstmöglich ein Käufer gefunden werden. Ich erinnerte mich an eine Deutsche, die Interesse gehabt hatte und versuchte mit ihr in Kontakt zu treten. Karim würde, bei entsprechender Provision, ebenfalls suchen und seinen Mund halten. Und so eröffnete ich die Schaltzentrale in unserem Haus.

Kapitel 19

Die nächsten Tage waren die Ruhe vor dem Sturm. Alles war auf den Weg gebracht und nun musste ich den Dingen ihren Lauf lassen. Walid flog, passend zu einem angesetzten Gerichtstermin, vierzehn Tage später nach Hurghada. Begleitet von einem Bodyguard und einem Schreiner, der die Tür aufbrach und eine neue, stabilere einbaute, rief er mich über Skype aus meiner Wohnung an, die einmal schön gewesen war.

»Petra, ich hoffe, der Schock ist nicht allzu groß«, sagte er bedauernd.

Ich richtete mich auf Verwüstung ein, um noch positiv überrascht werden zu können.

»Warum, steht nichts mehr?«, fragte ich ihn vorsichtig.

»Nun ja, ich glaube Europäer leben anders. Das hier sieht nach ägyptischer, unordentlicher Frau aus.«

»Kann ich mal sehen?«, fragte ich ihn.

Walid ging mit der Kamera durch die Räume.

Das Wohnzimmer besaß kein Sofa mehr. Wahrscheinlich war das Ledersofa aus Deutschland noch einiges wert gewesen und dem Geldmangel zum Opfer gefallen. Meine Orgel, die neben der Balkontür gestanden hatte, war ebenfalls weg. Von Gardinen war keine Spur mehr. Die Wände, die einmal in Wischtechnik hellgelb gestrichen gewesen waren, waren im unteren Bereich schmutzig und teilweise mit Stiften bemalt. Die Küche war eine Mischung aus Dreck, Essensresten, die mit Ameisen übersät waren und Küchenutensilien. Mein riesiger, wundervoller Ofen war wohl ebenfalls verkauft worden. In Mariams altem Zimmer lagen Matratzen auf dem Boden, für Kinderbetten hatte sicherlich das Geld gefehlt und die Schranktüren des alten Wohnzimmerschranks meiner Mutter hingen schief in den Angeln. Anscheinend hatte Sayed das Schlafzimmer in unser altes Gästezimmer verlegt, denn hier waren noch Gardinen und alle Kleidungsstücke. Mein altes Schlafzimmer war abgeschlossen, jedoch kein großes Hindernis für den Schreiner. Darin fand sich alles so, wie ich es verlassen hatte, jedoch waren meine Kleidungsstücke auf ein Minimum reduziert. Marwa hatte sich vieles, was für sie tragbar war, umändern lassen. Am Badezimmer hatten sie nicht viel verwüsten können und so sah auch das so aus, wie ich es kannte.

»Uff, heftig«, sagte ich. »Aber es ist besser, als ich erwartet hatte und ich wollte sowieso nichts, was noch da ist. Es gibt ein paar Sachen, die mich noch interessieren, aber dafür müssten wir jetzt in die Schränke gucken«.

»Dann tun wir das doch, wenn ich schon mal hier bin«, meinte Walid.

Ich sagte ihm, wo früher meine Fotoalben und persönlichen Unterlagen gewesen waren, doch da fand er sie nicht mehr. Nach einigem Überlegen vermutete ich, dass Sayed diese Dinge wahrscheinlich im Schlafzimmer eingeschlossen hatte und tatsächlich fand Walid in meinem Teil des Schranks alles in einer Kiste.

»Ich nehme die Sachen lieber gleich mit. Noch was außer der Kiste?«, wollte er wissen.

»Es gibt da ein Service von Villeroy und Boch, das ist wertvoll. Aber ich bin mir nicht sicher, ob das wirklich mit soll. Und da sind Töpfe von LeCreuset, nur wird das zu schwer für den Flug. Alles andere habe ich sowieso schon fast vergessen.«

Ich wollte wirklich nichts mehr. Nach all der Zeit vermisste ich nichts von den Dingen in meinem Leben und es war eher wie auf einem Flohmarkt, wo man etwas Schönes sieht und es gerne hätte, aber auch gut damit leben kann, es nicht zu bekommen.

»Gut, ich schicke hier eine Putzkolonne rein. Dann lasse ich meine Kontakte spielen und versuche einen Käufer zu finden und heute Nachmittag rufe ich den Bruder von Sayed an, um ihm einen Deal vorzuschlagen«, erklärte er mir.

»Und wie sieht der aus?«, wollte ich wissen.

»Ich werde ihm sagen, dass die Wohnung verkauft ist und für Sayed unerreichbar. Will er Sayed vor dem Gefängnis bewahren, werden wir die Heiratsurkunde gerne inklusive aller anderen Dokumente nach der Überschreibung der Villa im Notariatsamt und bei der Eigentümergesellschaft herausgeben und alle Klagen zurückziehen.«

Wow, ich war beeindruckt. Wenn Walids Plan aufging, war Ägypten für mich abgeschlossen und Vergangenheit.

»Ich lasse mich überraschen!«, sagte ich zu Walid.

Je länger alles in mir sacken konnte, desto befreiter und optimistischer fühlte ich mich. Trotzdem war ich nervös. Jahrelang hatte ich diese Verbindung zu Ägypten gehabt, immer wieder hatte ich die Hoffnung gehegt, meine Wohnung endlich wiederzubekommen, meine Sachen wieder bei mir zu haben und endlich Ruhe zu finden. Telefonterror, Morddrohungen und Videos von misshandelten Frauen, die mir verdeutlichen sollten, was mit mir passieren würde, hatten mich lange Zeit beunruhigt, bis ich auch diesen Dingen gegenüber immun geworden war. Und nun näherte ich mich einem Neubeginn und konnte abschließen.

Doch wie immer, wenn ich mich regte, kam aus Ägypten der Gegenwind. Innerhalb weniger Tage wurden die Sayed bekannten Menschen aus meiner Umgebung über die sozialen Netzwerke mit Anfragen überschüttet, diejenigen, von denen er die Telefonnummer hatte, mit Nachrichten genervt, und ich von Menschen aus Ägypten angeschrieben, die ich gar nicht kannte. Manche versuchten es mit übertriebenen Bitten, doch endlich dem liebenden Vater sein Kind zurückzubringen, andere mit Beleidigungen, dass ich aus Geldgier Sayeds Leben ruinieren würde, wiederum andere drohten ganz offen und versprachen mir einen grausamen Tod.

Ich verspürte keine Angst mehr, meine Erfahrungen der letzten Jahre, aber auch mein Vertrauen in mich selbst und die Liebe in mir und um mich herum waren so stark, dass ich das alles gelassen hinnahm. Weniger gefiel mir aber, dass Freunde langsam unruhig wurden. Aber tun konnte ich nichts mehr. Ich verordnete mir Besinnung auf meine Werte, Dankbarkeit und positives Denken, um alles wieder in ruhigere Bahnen zu lenken.

Stefan ließ mich in der Zeit einfach das machen, was ich für richtig hielt, und gab mir zu verstehen, dass er da wäre, falls ich ihn bräuchte, verstand aber auch, dass ich nur bedingt für andere Themen offen war. Meistens wollte ich ihm noch nicht einmal berichten, wer welche neuen Nachrichten aus Ägypten bekommen hatte, weil ich keinerlei Energie in diesen Hass schicken wollte.

»Ich habe Essam endlich erreicht und mich dann die ersten zehn Minuten beschimpfen lassen.« Walid klang sehr gelassen und positiv, was mich freute.

»Gut, eigentlich ist er sehr ruhig und besonnen, also scheint er doch sehr besorgt zu sein.«

Ich war mir sicher, dass es Sayeds Mutter umbringen würde, wenn ihr Lieblingssohn ins Gefängnis käme, und so war ich mir sicher, dass die gesamte Familie es versuchen würde zu verhindern.

»Den Eindruck hatte ich allerdings auch. Er teilte mir mit, dass die Vorwürfe nicht haltbar seien und allesamt erfunden. Ich zählte ihm die Beweise auf, die vorliegen, und gab ihm zu verstehen, dass die finanziellen Mittel unbegrenzt seien, um Sayed weiterhin auf diverse andere Dinge hin zu verklagen.«

»Was ihm nicht gut gefiel, weil die Familie inzwischen für Sayed das gesamte Erbe des Vaters verscherbelt hat?«

»Richtig. Zumindest vermuten wir das. Sein Angebot war: Die Wohnung bei uns, die Villa für Sayed, worüber ich nur gelacht habe, weil die Wohnung ja nun weder auf dem Papier noch real mehr ein Thema ist. Der zweite Vorschlag war, den Erlös aus dem Verkauf der Villa zu teilen.«

»Tja, wenn Sayed da nicht einen Vertrag mit meiner Mutter unterschrieben hätte«, merkte ich an.

»Genau. Ich habe ihm den Unterhalt für Mariam ausgerechnet, den Sayed bisher nicht gezahlt hat. Selbst wenn wir von ägyptischen Verhältnissen ausgehen und einen Betrag von 300 LE plus Schulgebühren zugrunde legen, kommen wir auf 30.000 LE. Ganz zu schweigen vom Schmerzensgeld und diversen anderen Kleinigkeiten. Außerdem habe ich den Wert von Sayed für die Familie ausgerechnet. Käme er ins Gefängnis, müsste jemand seine Frau und seine Kinder versorgen, was ebenfalls ein fünfstelliger Betrag wäre, ohne dass wir den immateriellen Wert schätzen, den seine Freiheit in Bezug auf den Ruf der Familie hat.«

»Spannend. Und was sagt Essam?«, wollte ich nun wissen.

»Er sagt, dass die Villa Sayed gehört und seine Anwälte das auch beweisen würden. Meine Reaktion darauf war, dass ich ihm verständlich gemacht habe, dass es uns egal ist, ob wir die Villa bekommen, weil sie uns gehört oder weil sie der Preis für die Rücknahme aller Klagen inklusive Herausgabe der belastenden Papiere ist«, sagte Walid.

Ich grinste. Wie Sayed und Essam das Ganze nun sahen, war mir auch gleichgültig. Mir kam es darauf an, die Angelegenheit endgültig zu regeln.

»Sehr nett. Und dann?«

»Er sagt, Sayed ist nicht verfügbar, solange die Klagen im Raum stehen. Somit könne Sayed auch keine Papiere unterschreiben, damit die Villa in unseren Besitz übergeht.«

»Clever. Damit hat er ja irgendwie Recht«, meinte ich.

»Ja, nicht dumm, aber ich habe erklärt, dass mich das nicht interessiert. Wir haben vier Jahre gewartet, ein Jahr mehr oder weniger wäre da nicht weiter tragisch. Sayed hingegen hat die Zeit nicht. Er muss von etwas leben, kann nicht zu seiner Familie, weil er da gesucht wird, und hat keinerlei finanzielle Rücklagen. Es ist offensichtlich, wer hier den längeren Atem hat. Essam wird sich melden. Wie sieht es bei Ihnen aus?«, wollte er wissen.

»Gut, die üblichen Machtspielchen, Drohanrufe und Videos, vielleicht ein wenig verstärkt, aber ich komme damit klar.«

»Sehr schön, es ist bald vorbei«, meinte Walid.

»Das hoffe ich. Viel Glück weiterhin und passen Sie auf sich auf.«

Es lag mir viel daran, dass Walid nicht das Schicksal von Mahmoud teilte.

»Ich habe einen Käufer, der 40.000 Euro zahlt. Bar, sofort und mit allem, was in der Wohnung ist!«

»Was? Gibt´s ja nicht!«

Ich konnte nicht fassen, dass ich das wirklich hörte, was Walid mir da zwei Tage später mitteilte.

»Ziehen wir meine Gebühren ab und Kosten für die Ämter, bleiben 35.000 Euro für sie übrig«, erklärte Walid mir.

»Ich hoffe, Sie haben den Käufer gefesselt und ihm sofort zugesagt«, lachte ich.

Ich konnte mein Glück gar nicht fassen. Ich hätte auch für die Hälfte verkauft, denn die politische Lage in Ägypten sorgte dafür, dass immer weniger Touristen ins Land kamen und viel weniger Geld zur Verfügung stand. Natürlich war die Wohnung mehr wert, aber nicht viel. Ich war also begeistert.

»Ich werde versuchen, für die funktionierenden Elektrogeräte und den Inhalt der Schränke noch ein wenig mehr herauszuschlagen, aber mit Ihrer Zustimmung verkaufe ich dann nachher und melde mich dann wieder«, freute sich Walid.

Inzwischen war mein Fall für ihn auch etwas Persönliches geworden und ich freute mich auch für ihn, dass er Erfolg gehabt hatte.

Ich rief sofort Stefan an, der begeistert war und sich mit Sicherheit auch freute, dass unser Leben bald wieder in normalen Bahnen verlaufen würde, denn auch er hatte seine Baustellen und bestimmt das ein oder andere Mal gerne mit mir geredet, wusste aber, dass ich oft meinen Kopf in Ägypten hatte.

Am Abend kam dann der erlösende Anruf. Skype meldete mir einen Anruf von Walid und anstatt sein Gesicht zu sehen, sah ich Scheine. Viele Scheine.

»Nicht wahr, oder?«, fragte ich ihn.

»Doch. Um es genau auszudrücken: 42.000 Euro!«

»Nein!«

»Doch!«

Nun sah ich Walids Gesicht und konnte erkennen, dass auch er sehr erleichtert war.

»Ich bin schon in der Bank, weil ich keinesfalls mit diesem Betrag durch die Stadt gehen möchte. Aber ich wollte Ihnen diesen Anblick gönnen«, erklärte er mir.

»Wer zahlt 42.000 Euro und dann noch in bar?«, fragte ich ihn.

»Menschen, die ihr Geld aus Ihnen bekannten Geschäften bekommen. Oder in Deutschland leben und die Steuer nicht auf sich aufmerksam machen möchten. In diesem Fall ist es wohl eher letzteres. Er wollte keinen Banktransfer und sich in Hurghada eine Wohnung kaufen, also hat er das Geld mitgebracht. Ohne zu wissen, dass er so viel nicht aus- und hier einführen darf. Was uns nicht weiter stört«, grinste Walid.

»Exakt. Ich freue mich so. Was bleibt nach Abzug von allen Kosten?«, wollte ich wissen.

»Ich habe es nicht genau ausgerechnet, aber ich denke, es werden 37.000 Euro sein«, war seine Antwort.

»Gut, ich bin so froh. Und ich möchte, dass Sie in dem Fall einfach 2.000 Euro nicht einzahlen, sondern sich mit Karim treffen und ihm das Geld geben.«

»Ist das Ihr Ernst? Karim könnte mit Sayed arbeiten und ihm damit vielleicht bei der Verteidigung helfen«, warnte Walid mich.

»Das Risiko gehe ich ein. Aber wenn Sie es für besser halten, können Sie auch damit warten, bis alles zu Ende ist und es ihm dann geben. Aber ich möchte, dass er etwas hat. Immerhin hat er uns geholfen.«

Ich wollte, dass Karim die Möglichkeit hatte, sich in ein Geschäft einzukaufen oder zumindest ein wenig besser zu leben. Ob er das mit dem Geld tun würde, war zweifelhaft, aber es würde auch ein Abschluss zwischen uns sein.

»Gut, aber wenn er sich nicht meldet, tun Sie das bitte im Moment auch nicht. Ich gebe Ihnen Bescheid, wenn Sie ihm das sagen können«.

»Alles klar. Mache ich. Und danke!«

»Nicht dafür!«

Die nächsten Tage verliefen ungewöhnlich ruhig. Die Ruhe machte mich nervöser als 100 Nachrichten es gekonnt hätten. Geriet Sayed unter Druck, schlug er normalerweise um sich. Auch von Karim hörte ich nichts, wollte ihn aber auch nicht anrufen und schlafende Hunde wecken. Denn so richtig vertrauen konnte ich ihm nicht. Ich hatte seinen Stolz verletzt und er war immer schon gerne zweigleisig gefahren. Nicht, weil er ein schlechter Mensch war, sondern einfach, weil Entscheidungen von ihm nicht getroffen werden konnten und er sich lieber verbog, als den Erwartungen nicht zu entsprechen.

Essam hatte sich noch nicht gemeldet und ich war froh, dass Walid sowieso in Ägypten zu tun hatte und entschieden hatte, Urlaub bei seiner Familie zu machen. Sein Gewinn für den Verkauf meiner Wohnung hatte diese Entscheidung sicherlich mit beeinflusst und die Aussicht, die doppelt so teure Villa vielleicht auch noch bei diesem Aufenthalt an den Mann zu bringen, tat mit Sicherheit ein Übriges.

Ich war mir sicher, dass sowohl Essam als auch Sayed intensiv versuchten, die Zeit zu nutzen, um eine andere Lösung zu finden, denn ohne einen Anteil an der Villa hätten sie alles verloren: Sayed seine kostenfreie Wohnung und seinen Anteil am Erbe seines Vaters und zudem noch seine beiden Frauen und drei, bald vier Kinder, Sayeds Familie das komplette Erbe des Vaters und Essam eine beträchtliche Summe, die von seinen Ersparnissen vorgestreckt worden war. Doch einmal hatte ich Sayed einen Anteil an dem Verkaufserlös angeboten und nun war es nicht mehr die Zeit für Kompromisse. Ich hatte begriffen, dass Nächstenliebe manchmal eben auch bedeutete, dem anderen seine Grenzen aufzuzeigen. Ich frohlockte nicht, weil Sayed verlor, sondern freute mich über einen Abschluss und darüber, dass unser Leben mit dem Geld leichter werden würde.

Kapitel 20

Die Tage zogen sich wie Kaugummi. Obwohl ich gelernt hatte, dass mein Fokus sich immer auf das Positive richten sollte, konnte ich meine Unruhe nicht wirklich in den Griff bekommen. Im Gegenteil: Die Ruhe in Ägypten regte mich zu immer neuen Ideen an, welches Druckmittel außer Mariam Sayed finden könnte. Mariam wähnte ich in Sicherheit. Eigentlich gab es nichts mehr, an das Sayed in Ägypten herankommen konnte, das den Eintausch der Villa wert gewesen wäre. Wahrscheinlich sah er das genauso, denn sonst hätten wir schon längst eine Reaktion gehabt. Obwohl Stefan wusste, warum ich manchmal gereizt reagierte, war es auch mit seiner Geduld nicht mehr weit her. Und so knallte es zwischen uns eines Abends gewaltig.

»Herrgott, du reagierst auf Kleinigkeiten schon genervt. Dein Leben geht weiter. Weder Mariam noch ich machen gerade Pause und du kannst den Knopf zum Weiterspielen einfach drücken, wenn du mal wieder Lust darauf hast!«, bemerkte Stefan gereizt.

»Ich muss aber mit den ganzen Typen da unten klarkommen und dieses eine Mal wissen, was Sayed tun könnte, bevor es ihm selbst einfällt. Das muss dir doch einleuchten«, zickte ich zurück.

»Wo ist denn dein Vertrauen? Wo ist die Gelassenheit? Die ganzen Videos machen dir nichts aus und du glaubst fest, dass alles gut wird, aber dann kommt die Villa und du spielst verrückt!«

»Ich spiele nicht verrückt. Ich putze, koche, wasche, schreibe Bücher, fahre Mariam durch die Gegend und rede mit dir!«

»Ja, aber wie?« Er schüttelte den Kopf und ging in die Küche. »Petra, du weißt das alles, ich brauche dir das nicht zu sagen: Wenn du so weitermachst, geht das alles den Bach runter. Deine Theorie, nicht meine. Energie folgt der Aufmerksamkeit, sagst du doch immer.«

Ich fühlte mich missverstanden, nervös und wenig kooperativ. Am besten war es, die Diskussion zu verschieben, bis wir beide ein wenig heruntergefahren waren. Doch in dem Moment klingelte mein Handy. Karim! Ich ging zu meinem Computer und machte Skype an.

»Lange nichts von dir gehört«, sagte ich ihm.

»Das kann ich auch von dir sagen. Aber du warst ja nicht untätig, wie ich gehört habe«, meinte er.

»Ach, was hast du denn gehört?«, wollte ich von ihm wissen.

»Deine Wohnung ist verkauft. Glückwunsch. Hoffentlich hat es sich gelohnt!«, antwortete er sarkastisch.

»Für mich lohnt sich jeder Betrag, wie du sehr wohl weißt.«

Ich wollte ihm den Kaufpreis noch nicht nennen. Er würde ihn früh genug erfahren.

»Und was ist mit der Villa?«, wollte er nun wissen.

»Da gibt es noch nichts Neues. Oder hast du was gehört?«, versuchte ich, so wenig wie möglich über das Vorgehen von Walid preiszugeben.

»Nur, dass die Familie Geld für Anwälte sucht. Aber Sayed scheint immer noch nicht aufgetaucht zu sein.«

»Okay, und Marwa?«

»Auch immer noch weg«, antwortete Karim.

»Tja, dann werden wir wohl noch Geduld haben müssen«, meinte ich.

»Aber ich habe gehört, dass Essam morgen nach Hurghada fährt«, teilte er mir nun mit.

Da war sie, die Information, die er mir geben wollte. Doch ich vermutete, dass da noch mehr war.

»Spannend, aber was will er da und wo soll er hin, wenn es meine Wohnung nicht mehr gibt?«, fragte ich ihn.

»Ich denke, er wird bei Hany unterkommen. Und wahrscheinlich weiß er, wo Sayed ist.«

»Davon ist ja auszugehen. Aber dann müsste Sayed in Hurghada sein.«

»Klar, da kennt er ja auch die meisten Leute, die ihn unterstützen können. Luxor wäre auch möglich, aber ich glaube auch, dass Essam dann nicht nach Hurghada fahren würde. Außer, um sich vielleicht mit deinem Anwalt zu treffen.«

Karim wollte also doch gerne wissen, was Walid plante. Aber das würde ich ihm nicht mitteilen.

»Walid ist irgendwo in Ägypten und macht Urlaub mit seiner Familie. Keine Ahnung, ob er den für ein Treffen unterbrechen würde«, sagte ich also.

»Und was willst du mit der Villa machen, wenn du sie in die Finger bekommst?«, fragte Karim nun.

»Verkaufen! Was denn sonst? Oder meinst du, ich habe irgendwo noch ein paar 100.000 Pfund, um sie zu Ende zu bauen und dann dort einzuziehen?«, fragte ich ihn gereizt.

»Du weißt, dass ich es hasse, wenn du so redest. Dann können wir gleich wieder aufhören«, sagte er böse.

»Super, tu dich doch gleich mit Stefan zusammen, der hat darauf auch keine Lust mehr. Sonst noch was?«

»Wie geht es Mariam?«, fragte er.

»Wie immer, gut, alles bestens, sie hat viel Spaß, mag ihre Schule und ist ein tolles Mädchen.«

Sollte er ruhig wissen, dass ich keine Lust hatte, ihm Informationen über Mariam zu geben!

»Yallah, bye. Vielleicht hast du das nächste Mal bessere Laune«, sagte er und legte auf.

Ich lehnte mich in meinem Stuhl zurück und atmete tief durch. Dann nahm ich meine Zigaretten und ging in den Garten. Irgendwas bei mir schien nicht gut zu laufen, wenn scheinbar allen auffiel, dass ich genervt und unfreundlich war. Also setzte ich mich auf den Rasen und rauchte.

Als ich bei der dritten Zigarette angekommen war, war ich etwas ruhiger und musste mir eingestehen, dass Stefan wohl Recht hatte. Und ich überlegte, warum das so war und wo ich meine eigenen Regeln verletzt hatte. Da gab es scheinbar noch eine hartnäckige Überzeugung in mir, dass Sayed immer gewann, dass er immer einen Ausweg fand und ich trotz harter Arbeit an mir und dem Recht auf meiner Seite immer verlor. Und jeder Tag, der verging, gab mir Bestätigung. Also ging es darum zu entspannen, alte Glaubenssätze über Sayed und mich aufzulösen und wieder in Liebe und Vertrauen zu gehen.

Und vor allen Dingen musste ich mich entschuldigen, bei mehr als einer Person. Hinter mir hörte ich Schritte, dann ließ sich Stefan neben mir nieder und drückte mir eine Tasse Kaffee in die Hand. Einige Minuten schwiegen wir.

»Es tut mir leid. Ich weiß, du hast Recht«, sagte ich leise.

»Und ich weiß, dass das alles eine Belastung für dich ist«, antwortete er mir.

»Aber du weißt auch, dass ich die Villa jederzeit für dich in den Wind schießen würde, oder?«, fragte ich ihn.

»Nein, aber ich hatte es gehofft«, lachte er mich an.

Ich lachte zurück.

»Ich werde das ändern. Es ist so leicht, in alte Gewohnheiten zu verfallen und viel Arbeit, sie dauerhaft zu ändern«, erklärte ich ihm.

»Du bist schon so weit, das machst du mit links«, versuchte er mich aufzubauen.

»Wir sind weit, wir haben so viel geschafft, da werden wir das alles zusammen auch noch hinkriegen!«

Er nickte und für den Rest des Tages ließen wir Ägypten ruhen.

Kapitel 21

Essam wollte tatsächlich Walid treffen, der sehr ernst und bedächtig am Telefon war. Er war gerne bereit, sich mit Essam zu treffen, doch hatte es schon genug Leute gegeben, die entweder zusammengeschlagen oder massiv bedroht worden waren und Walid wollte das für sich gerne vermeiden. Die Voraussetzung seinerseits für ein Treffen war somit, dass Sayed unterschriftsbereit dabei war und mehrere Bodyguards sowie ein Mitarbeiter des Notariatsamts anwesend waren. Für die Unterschrift bei der Eigentümergesellschaft wollte sich Walid dann die Übergabe des alles entscheidenden Papiers für Sayeds Freiheit, der Heiratsurkunde, vorbehalten. Natürlich versuchte Essam zu verhandeln, aber Walid wusste, dass er in der stärkeren Position war. War Essam ehrlich und Sayed wirklich bereit, die Villa aufzugeben, würde all dies innerhalb weniger Stunden über die Bühne gehen können.

Am alles entscheidenden Tag war ich kaum zu gebrauchen. Immer musste ich daran denken, was sich nun in Ägypten abspielte. Stefan kam früher von der Arbeit und für Mariam hatte ich einen Besuch bei meiner Mutter organisiert, weil sie in den letzten Tagen sowieso schon sehr viel mitbekommen hatte und ich ihre Erinnerung nicht ständig wieder hochkommen lassen wollte. Wir nahmen Handy, Telefon und Laptop mit in den Garten und setzten uns in die Sonne, um der Dinge zu harren, die da kommen würden.

Irgendwann nahm Stefan meine Hände und ermunterte mich, mit ihm zu meditieren. Unsere Vorgehensweisen waren sehr unterschiedlich: Während er betete und die kirchlichen Rituale gerne verwendete, bevorzugte ich Kerzen, absolute Ruhe und Räucherungen. An diesem Tag ließ er sich mir zuliebe auf den Weg ein, der für ihn immer noch sehr esoterisch und mit Vorsicht zu genießen war. Seine Nähe beruhigte mich und ich konnte meine Gedanken langsam abschalten. Nur wenige Minuten reichten, um mir wieder die Gewissheit zu geben, dass alles gut ausgehen würde und alles so, wie es war, zu unserem Besten geschah. Ich ließ los und sah den Mann an, der mir gegenüber saß.

»Manchmal ist es richtig gut, dass du da bist«, grinste ich ihn an.

»Ach nein, nur manchmal?«, fragte er lächelnd.

»Hmm, vielleicht ein wenig öfter«, antwortete ich entspannt.

Ich entschied mich, meinen Fokus auf etwas anderes als Ägypten zu richten, ändern konnte ich sowieso nicht.

»Wie geht es dir?«, wollte ich von ihm wissen. Erstaunt sah er mich an.

»Oh, drückst du gerade die Play-Taste?«

Ich streckte ihm die Zunge raus.

»Ich versuche, Konversation zu machen und dem Mann, den ich heiraten werde, meine Aufmerksamkeit zu schenken.«

»Der Mann, der dich heiraten will, ist sehr überrascht«, neckte er mich.

»Nein, im Ernst, ich habe die letzte Zeit wenig von dir mitbekommen. Ich weiß, dass du viel um die Ohren hast und ich nur begrenzt zugehört habe. Also lass es uns jetzt noch mal versuchen.«

Stefan wirkte sehr erfreut über diese unerwartete Wendung und erzählte mir von den letzten Ereignissen. Ich hatte nur am Rand mitbekommen, dass er mehr mit seinen Kindern telefonierte, dafür aber den Streit mit seiner Frau verpasst, die ihn an seine alten Prägungen und Werte erinnern wollte. Es war nicht spurlos an ihm vorbeigegangen und ich bedauerte, dass ich nicht genug anwesend gewesen war, um ihm dabei zu helfen, sich davon zu befreien. Aber er hatte es auch ohne mich geschafft und ich war stolz auf ihn.

Mitten in unserer Unterhaltung klingelte Skype auf meinem Laptop und ich sah Walids Anruf.

»Siehst du, wenn man nur loslässt, passiert auch wieder was«, sagte ich erwartungsvoll zu Stefan.

»Nun nimm schon an!«, sagte der, genauso gespannt wie ich.

»Hi, Walid. Alles gut?«, begann ich unser Gespräch und suchte in seinem Gesicht nach Hinweisen über den Ausgang des Gesprächs.

»Der erste Schritt ja. Es fehlt noch der Eintrag bei der Eigentümergesellschaft.«

»Und? Wann passiert das?«, fragte ich ihn.

»Wenn Sayed Mariam gesehen hat«, antwortete er.

»Was? Im Leben nicht. Meine Tochter wird nicht verschachert und ist niemals Gegenstand irgendwelcher Verhandlungen!«

»Ich weiß, aber wir mussten da zumindest drüber reden.«

»Was wir hiermit getan haben!«

Ich war stinksauer. Das alles war doch nur eine Verzögerungstaktik und eine Methode, allen zu beweisen, dass die Rabenmutter ihrer Tochter den Vater vorenthielt. Stefan drückte aufmunternd meine Hand und ich atmete tief durch.

»Im Ernst, Walid, das steht nicht zur Diskussion. Es ist völlig tabu, Mariam dem auszusetzen und eine Retraumatisierung zu riskieren. Ganz davon ab, dass ich ihre Wünsche in dieser Hinsicht mehr als respektiere und die beinhalten definitiv nicht ein Wiedersehen mit ihrem Vater.«

»Es ist in Ordnung. Ich war mir sicher, dass es so ist und wollte es auch wirklich nur ansprechen. Ich würde niemals einen anderen Weg vorschlagen und wir werden es auch so schaffen, wenn auch vielleicht schwieriger«, erklärte er mir.

»Gut. Und wie war es?«, wollte ich nun wissen.

»Sayed sieht mehr als schlecht aus. Aber das war ja nicht anders zu erwarten. Geld scheint kaum noch vorhanden zu sein und ich glaube, dass er einfach zu stolz ist, um einfach aufzugeben. Er scheint der Ansicht zu sein, dass es besser ist zu sterben, als das Gesicht komplett zu verlieren. Essam hat sichtlich Probleme, hinter ihm zu stehen, aber er tut es. Die Wörter, mit denen er Sie betitelt hat, waren wenig jugendfrei und ich hatte mehrfach den Eindruck, dass ihn vom Wahnsinn nur noch Millimeter trennen. Er versucht erst gar nicht mehr, freundlich zu sein, und sein Hass ist wirklich erschreckend. Er wird das nie vergessen und ich hoffe für Sie, dass er es nie zu Geld bringt.«

Walids Beschreibung entsprach dem, was ich schon aufgrund meiner eigenen Erfahrungen vermutet hatte.

»Geld oder nicht, meine Motivation ist eine andere und deshalb bin ich mir sicher, dass es der richtige Weg ist. Ihm die Villa zu überlassen oder Mariam zu zeigen, wäre bequem, aber mit Sicherheit kein Akt der Nächstenliebe.«

»Verstehe. Ich bleibe dran und denke, dass wir in ein bis zwei Tagen alles zu Ende gebracht haben.«

»Das hoffe ich auch. Passen Sie auf sich auf«, gab ich Walid noch mit auf den Weg.

In der Nacht hagelte es wieder Anrufe und ich stellte mein Telefon einmal mehr ab. Mir war klar, dass es ein letztes Aufbäumen war, jede andere Aktion jedoch Geld gekostet hätte, das die Familie nicht mehr hatte. Es war immens wichtig, sich in dieser hoffentlich letzten Phase auf Werte wie Liebe und Dankbarkeit zu besinnen. Ich achtete genau darauf, was die Anrufe bei mir bewirkten, ob ich nur unter Schlafmangel litt oder negative Gefühle in mir hochkamen und war mir sicher, dass sich alles für uns zum Guten wenden würde. Erstaunlicherweise blieb ich ruhig. Die Gewissheit darüber, was in Ägypten passierte, ließ mich klar denken und gelassen bleiben. Solange Sayed so war, drohte keine echte Gefahr. Doch als der alles entscheidende Anruf dann am nächsten Nachmittag kam, fühlte ich mich trotzdem nicht erleichtert. Ich hatte erwartet, dass die Überschreibung der Villa einen Abschluss darstellen würde, aber dem war nicht so. Wahrscheinlich brauchte ich ein paar Tage, um das wirklich begreifen zu können.

»Sayed hat geschrien und getobt und jeden darüber informiert, dass europäische Frauen allesamt Huren seien, die Kinder entführen und sie zum Christentum zwingen, aber er hat unterschrieben. Es war wenig angenehm und auch Essam sichtlich peinlich, aber das spielt ja nun keine Rolle mehr. Ich suche nun noch einen Käufer, Interessenten gibt es ja genug, und dann komme ich zurück nach Deutschland.«

»Ich bin erleichtert, dass es Ihnen gut geht und alles vorbei ist. Danke!«

»Nichts zu danken. Ich werde es bei meiner Rechnung berücksichtigen«, lachte Walid. Auch ihm war die Erleichterung anzusehen.

Meine Mutter würde nicht das Geld zurückbekommen, das sie investiert hatte, aber zumindest war der Betrag fast erreicht. Walid hätte sicherlich mit mehr Zeit einen höheren Betrag erreichen können, aber wir stimmten darin überein, dass ein schneller Abschluss für uns alle besser war und meiner Mutter kam es inzwischen sowieso nur noch darauf an, dass die Villa Sayed nicht in die Hände fiel. Und so blieb nur noch, etwas Geld in Ägypten zu verteilen.

»Walid, ich habe einen Wunsch. Könnten sie bitte nach Dahar fahren und nach Madam Sabah suchen? Nur ein Versuch! Wenn sie nicht mehr da ist, wo sie gelebt hat, hat es sich erledigt. Aber wenn doch, möchte ich bitte, dass Sie sie fragen, ob sie zu den anderen Frauen noch Kontakt hat, die von der Schweizerin unterstützt wurden.«

Ich beschrieb ihm den Weg und erklärte ihm, wer alles zur Familie gehörte und dass er ihnen etwas Geld geben sollte. Ich hatte insgesamt 1.000 Euro, die ich verteilen wollte und 2.000 Euro für Karim.

»Warum wollen sie der Frau Geld geben?«, wollte er wissen.

»Alle Frauen sind Witwen und haben in den Slums von Hurghada gelebt, bis Marietta kam und ihnen eine Wohnung und genug zum Leben gegeben hat. Das hat Sayed ihnen wieder genommen und sie mit Drohungen zum Schweigen gezwungen. Ich weiß, es ist nicht meine Baustelle, aber ich möchte ihnen etwas Gutes tun«, erklärte ich ihm.

»Und dann denken Sie bitte an Karim. Den werde ich anrufen und ihm das selbst erklären. Und Am Kamal soll ein

Andenken an Mariam und mich haben. Er war immer sehr nett. Geben Sie ihm den Rest.«

Mein Gespräch mit Karim verlief weniger aufbauend. Ich versuchte ihm klarzumachen, dass ich das, was er für uns getan hatte, bestimmt nicht mit Geld aufwiegen konnte, dass ich ihm aber zumindest etwas von der Wohnung geben wollte. Mein Bemühen, ihm dabei nicht das Gefühl zu geben, gekauft zu werden, war nur mäßig erfolgreich, aber mir war klar, dass am Ende sein Wunsch nach Geld siegen würde. Meine Aussage, dass ich eine Freundschaft zwischen uns schön fände, aber doch sehr viele Dinge zwischen uns stünden, kommentierte er nur mit einem grimmigen Gesicht. Aber ich wusste, dass er sich, sobald sich die Wogen geglättet hatten, wieder melden würde. Es gab einfach Verbindungen, die man nicht kappen konnte, und diese gehörte dazu.

Kapitel 22

An einem wunderschönen Sommertag im August kam dann Walid zu uns. Er hatte es sich nicht nehmen lassen, alles persönlich mit mir durchzusprechen und ich freute mich, ihn endlich einmal zu sehen. Als der Wagen vor unserem Haus parkte, lief ich zur Tür und erwartete ihn strahlend. Die letzten Wochen war alles ruhig gewesen und mein Gefühl sagte mir, dass es auch so bleiben würde. Es gab einfach nichts mehr, um das Sayed hätte kämpfen wollen, und seine drei Kinder in Ägypten hatten erst einmal bestimmt für ihn Vorrang, sollte er sie denn finden. Und so war ich entspannt wie selten und sehr dankbar für das, was mit Walids Bemühungen erreicht worden war.

»Endlich sehen wir uns mal. Wir haben schon auf dich gewartet!«, begrüßte ich ihn.

Nach dem Abschluss aller Angelegenheiten waren wir zum ‚Du' übergegangen.

»Ich freue mich auch und vor allen Dingen freue ich mich, Mariam endlich kennenzulernen«, sagte Walid.

Stefan erschien hinter mir, gefolgt von Mariam, die ihm vorsichtig die Hand gab.

»Hallo, ich bin Walid. Und du bist Mariam?«

Vorsichtig nickte sie mit dem Kopf und gab ihm die Hand.

»Keine Sorge, in fünf Minuten ist das Schüchterne vorbei und sie wird dich gut beschäftigen«, erklärte ich ihm.

Wir gingen in den Garten, wo wir Kaffee und Kuchen aufgebaut hatten.

»Und? Hast du noch mal was gehört?«, wollte ich von ihm wissen.

»Ich frage meine Leute in Hurghada immer mal wieder und alleine für meine Sicherheit möchte ich wissen, ob noch etwas kommt. Aber im Moment scheint alles ruhig und wir wissen nur, dass Sayed in El Fayoum ist. Ohne Marwa. Es geht das Gerücht um, dass ihre Familie in Qena sie aufgenommen hat.«

»Ich bin froh, dass sie da raus ist. Und für die Kinder wird es bestimmt auch ein Segen sein.«

»Das denke ich auch. Aber ich glaube nicht, dass das eine dauerhafte Lösung ist. Nun ja, zumindest habt ihr hier jetzt Ruhe«, erklärte Walid.

Nach einem Schluck Kaffee sah er Mariam an, die ihm inzwischen einen Großteil ihrer gemalten Kunstwerke gezeigt und vermacht hatte.

»Willst du mit mir zum Auto kommen und ein Geschenk für deine Mama holen?«, fragte er sie. Mariam nickte begeistert. »Und vielleicht können wir Männer das große Paket tragen und du das kleine?«, ergänzte er mit einem Blick auf Stefan.

Der stand bereitwillig auf und ging hinter Walid und Mariam zum Auto. Ein paar Minuten später kamen alle voll beladen wieder. Ein riesiger Umzugskarton, der scheinbar extrem schwer war, befand sich zwischen Walid und Stefan, eine kleinere Schachtel in Mariams Händen. Ich war gespannt auf das, was nun kommen würde.

»So, ich denke, dass du deiner Mama mal den Karton geben solltest. Vielleicht bekommst du ja eine Provision fürs Tragen«, meinte Walid zu Mariam.

Doch die wollte den Karton lieber selbst aufmachen und blickte auf jede Menge Papier, das sie für uninteressant hielt und mir bereitwillig überließ. Ich sah mir die oben liegende Abrechnung an, die Walids Kosten und Gebühren enthielt. Und war erstaunt über den verhältnismäßig geringen Betrag.

»Bist du sicher, dass du da nichts vergessen hast?«, wollte ich von ihm wissen.

»Ich habe dir einen kleinen Rabatt gegeben. Eine kleine Wiedergutmachung eines Moslems für das, was ein anderer Moslem getan hat. Und keine Sorge: Ich habe immer noch genug verdient«, grinste er.

Ich dankte ihm und öffnete den ersten Briefumschlag, auf dem »Wohnung« stand. Darin waren der Vertrag mit dem neuen Inhaber meiner Wohnung und alle Bescheinigungen für Strom und Wasser, wie mir Walid erklärte. Und jede Menge großer Scheine. Eine für mich unglaubliche Anzahl und jeder einzelne gab uns mehr finanzielle Sicherheit und Unabhängigkeit.

Den Umschlag für meine Mutter ließ ich geschlossen. Was auch immer sie mit dem Geld machen würde und wie viel es war, war ihre Angelegenheit.

Dann sah ich fragend in Richtung Karton.

»Nur zu, mach auf«, sagte Walid.

»Ja, der interessiert mich auch, nachdem ich mir fast einen Bruch gehoben habe«, lachte Stefan.

Ich ging hin und entfernte die vielen Streifen Klebeband und öffnete ihn vorsichtig. Als ich hineinsah, sah ich nur Zeitungspapier. Doch als ich anfing, dieses zu entfernen, wurden meine Schätze aus Ägypten sichtbar. Walid hatte tatsächlich mein geliebtes Geschirr, meine Töpfe und alle meine Unterlagen und Fotos mitgebracht. Außerdem hatte er ein großes, gerahmtes Bild von Mariam, das ich immer geliebt hatte, mit eingepackt und meine Kinderbücher, die meine Mutter mir nach Ägypten gebracht hatte. Außerdem fand ich noch Besteck und einen alten Teddy von mir. Mir traten die Tränen in die Augen.

»Oh, wie schön, ich freue mich so«, sagte ich und umarmte Walid. »Wie hast du das denn geschafft? Das muss doch ein Vermögen gekostet haben, die Sachen hier hinzubringen.«

»Nun ja, es gab da noch jemanden am Flughafen, der mir einen Gefallen schuldig war. Und ich konnte die Sachen wirklich nicht in der Wohnung lassen. Mach dir keine Gedanken, alles ist gut.«

Ich verdrückte noch ein paar Tränen, fühlte mich aber nun noch ein wenig besser, weil nichts mehr in Ägypten war, woran mein Herz hing. Alles, was ich brauchte und wollte, befand sich in diesem Moment direkt an meiner Seite.

Epilog

Nachdem ich mit Ägypten abgeschlossen hatte, begann für mich ein neues Kapitel in meinem Leben. Es war, als ob man mir großen Ballast von den Schultern genommen hätte. Zwar konnten wir mit Mariam nicht nach Ägypten reisen und auch bei anderen arabischen Ländern waren wir eher zurückhaltend, doch fühlte ich mich frei wie selten zuvor.

Von Karim hörte ich nur noch selten etwas, zu weit war ich von seinen Problemen entfernt, als dass die alte Verbundenheit wieder hätte entstehen können. Dafür war die Beziehung zwischen Stefan, Mariam und mir stärker denn je und die Hochzeit, nachdem Stefan geschieden worden war, umso emotionaler. Wir hatten in einem sehr kleinen Kreis gefeiert und unsere Flitterwochen auf vier Tage im Cinderella Schloss im Disneyland Paris verkürzt. Mariam diesen Wunsch zu erfüllen, war schon lange mein Traum gewesen, und meinen anderen, nämlich zwei Wochen mit Stefan auf die Malediven zu fliegen, würden wir nachholen.

Über Karim hatte ich erfahren, dass Marwa zu Sayed zurück musste. Ihre Familie wollte eine Scheidung nicht unterstützen, besonders da nach der Geburt ihres Kindes die finanzielle Belastung zu groß gewesen wäre. Doch sie lebten nun bei Sayeds Mutter und Marwa war dort einigermaßen sicher. Obwohl alle Klagen von unserer Seite zurückgezogen worden waren, hatte es Sayed geschafft, für einige Wochen im Gefängnis zu landen, denn seine Wutausbrüche richteten sich gegen jeden, der ihm nun in die Quere kam. So war eines Tages eine Prügelei vor dem Haus ausgebrochen, bei der Sayed ein Messer gezogen hatte, das er bei Erscheinen der Polizei nicht mehr schnell genug loswerden konnte. Leider war der Verletzte ein Mann mit sehr guten Beziehungen zur Polizei und so hatte aller Einfluss von Essam nichts geholfen.

Vielleicht würde Sayed eines Tages verstehen, dass sein Weg ihn nur noch in mehr Schmerz und Leid führte und erkennen, dass nur Liebe uns zum Glück bringt.

Danksagung

Auch in diesem Buch darf ein großes Dankeschön an die Personen nicht fehlen, die wesentlich an der Entstehung beteiligt waren.

An erster Stelle möchte ich mich bei Simone C. Franzius und Detlev Schultz bedanken für die Chance, die sie mir mit der Veröffentlichung von »Sand in ihren Schuhen« gegeben haben. Es hat mein Leben nicht nur in einer Hinsicht positiv verändert und mir viele neue Perspektiven eröffnet.

Annette Bitzkat gebührt mein Dank für schonungslose Kritik und viel Geduld beim Lesen des Manuskripts. Echte Freundschaft hält eben nicht nur Jahrzehnte, sondern verträgt auch mal ein ehrliches Wort!

Stefan, der Du nicht Stefan heißt, aber Dich bestimmt wiedererkennen wirst: Ich danke Dir für all das, was zwischen uns war, ist und sein wird. Wenn jemand mein Leben verändert hat, dann Du!

Danke sagen möchte ich auch allen Kritikern von »Sand in ihren Schuhen«, die mit ihrem angeblichen Wissen über mein Leben und meine Person die Welt beglückt haben. Es war mir ein Ansporn, weiter an mir zu arbeiten und ein Beweis dafür, wie unabhängig ich von der Meinung anderer geworden bin.

Danken möchte ich auch allen Frauen, die mit mir in Kontakt getreten sind und sich in ähnlichen Situationen befanden wie ich seinerzeit in Ägypten. Euer Vertrauen ehrt mich und ich wünsche Euch, dass Ihr Euren Weg findet.

Und, last but not least, geht ein Dank an meine Leser, die mich in Mails, Anrufen und Briefen davon überzeugt haben, dass ihnen mein Buch gefallen hat und definitiv eine Fortsetzung wert ist. Bitte hört nicht auf, mir weiterhin Eure Meinung zu schreiben und mir von Euren Geschichten zu berichten.

Eure Petra Liermann

Weitere Informationen zur Autorin unter
www.petra-liermann.de

Weitere Werke der Autorin im Franzius Verlag

»Liebe und Gewalt- Wahre –
Begebenheiten der Leser von ›Sand in ihren Schuhen‹«
(eBook)
978-3-96050-038-4

Gewalt gegen Frauen, besonders in Beziehungen, ist auch heute noch ein Thema, das in der Öffentlichkeit zu wenig Beachtung erfährt. Oftmals stehen die Betroffenen alleine vor einem Berg an Problemen und erhalten nur unzureichend Hilfe bei dem Prozess, sich von ihrem Peiniger dauerhaft zu trennen.

Die Autorin, die in ihrem Buch »Sand in ihren Schuhen« ihren eigenen Trennungs- und Heilungsprozess beschrieben hat, erzählt, in dieser Zusammenstellung und in Bezug auf das wichtige Thema, in diesem Buch sechs unterschiedliche und wahre Geschichten ihrer Leserinnen.

»Weiblichkeit leben –
Zurück in die Steinzeit oder vorwärts in ein neues Leben?«
Von Petra Liermann
ISBN 978-3-96050-067-4

Was bedeutet Weiblichkeit heute? Und ist durch die wachsende Gleichberechtigung von Mann und Frau die Weiblichkeit gleichermaßen aufgewertet worden? Oder ist vielleicht genau das Gegenteil der Fall? Was hat die Welt zu der gemacht, in der wir heute leben? Und welchen Einfluss hat die Wertigkeit der Weiblichkeit darauf?

Diese und andere Fragen stellt sich die Autorin in diesem Buch und stellt bei ihrer Beantwortung Erstaunliches fest:

Weiblichkeit ist nicht nur eine Frage von Gleichberechtigung oder gleichen Rechten von Frauen, sie ist nicht nur eine Sache von körperlichen Merkmalen und bei weitem nicht nur Sache der Frauen.

Dieses Buch will nicht nur Antworten liefern, sondern zeigt gleichzeitig einen Weg zu mehr Authentizität und Glück für Frauen und Männer auf.

»Eine Seele in zwei Körpern – Der Weg der Dualseelen in eine glückliche Beziehung«

Von Petra Liermann

ISBN 978-3-96050-118-3

Dualseelenbeziehungen sind die wohl intensivste Art der Liebe, die in einer Inkarnation erlebt werden kann. Sie beschert allen Beteiligten seelischen Schmerz, immer neue, scheinbar nicht zu bewältigende Herausforderungen und die Konfrontation mit einem Gegenpart, der sich komplett von der eigenen Persönlichkeit unterscheidet.

Der Weg zur Beziehung ist meist lang und beschwerlich, wenn sie überhaupt erreicht wird. Doch mit dem notwendigen Verständnis von Sinn, eigener Aufgabe und dem Wesen des Anderen lassen sich unnötige Brüche in der Beziehung und typische »Fallen« umgehen. Das Ziel – eine Beziehung in bedingungsloser Liebe und Glück – kann so einfacher erreicht werden.

Die Autorin erklärt nicht nur die typischen Entwicklungen in diesen Beziehungen, sondern auch die beiden Beteiligten – den »Loslasser« und den »Gefühlsklärer« – so, dass das Verständnis füreinander wachsen kann. Außerdem hilft ein 50-wöchiger Kurs dem »Loslasser« auf seinem Weg zu Eigenliebe und Glück.

»2021 –
Wer wir sind, wo wir stehen und wohin wir gehen«
(Sachbuch)
ISBN 978-3-945509-31-9

Wie leben wir? Und warum tun wir es gerade so und nicht anders? Und wieso bringen Fortschritt und Entwicklung offensichtlich weniger Glück, aber mehr Unzufriedenheit, Krankheit und Stress in unser Leben. Diese und andere Fragen werden in diesem Buch gestellt und nicht nur das System, sondern das Leben in seiner Gesamtheit zur Beantwortung kritisch hinterfragt. Dabei zeigt die Autorin einen klaren Weg heraus aus der Misere – die Entwicklung von Eigen- und Nächstenliebe!

Ein Buch für alle, die bereit sind, aus der Opferrolle herauszutreten – hinein in ihre eigene Schöpferkraft!

Dies ist die überarbeitete 2. Auflage von "2015 - Wer wir sind, wo wir stehen und wohin wir gehen."

Novitäten Frühjahr 2019 im Franzius Verlag

Romane

»Getaway – Auf der Flucht vor der Vergangenheit«
Thriller von Timothy Whiter, ISBN 978-3-96050-164-0

»Redric«
Thriller von Jenny Rubus, ISBN 978-3-96050-160-2

»Tödliche Ruhr«
Kriminalroman von Ralf Weißkamp, ISBN 978-3-96050-152-7

»S.A.M. – Mord zwischen den Zeilen«
Roman von Teresa Nagengast, ISBN 978-3-96050-156-5

»Blowing Across«
Science-Fiction von Christine Keller, ISBN 978-3-96050-154-1

»Das Spanische Schwert«
Kriminalroman mit historischem Bezug von Neal Skye & Cherry Loster, ISBN 978-3-96050-147-3

»Ein Stück Süden«
Roman von Sigrid Wohlgemuth, ISBN 978-3-96050-150-3

»Jagdbare Tiere«
Mystery-Thriller von Ronja Potstawa, ISBN 978-3-96050-145-9

»Auf leeren Seiten«
Mystery-Thriller von Melanie Bottke, ISBN 978-3-96050-143-5

»Yoga, Chaos und ein Mörder«
Kriminalroman von Kathrin Hölzle, ISBN 978-3-96050-141-1

»Für eine Stunde«
Thriller von Perry Payne, ISBN 978-3-96050-130-5

»**Barackenkinder**«, Roman nach einer wahren Begebenheit
Von Marion Schinhofen, ISBN 978-3-96050-158-9

»Übelst – Eine schräge Komödie«
Roman von Andreas. A. Reichelt, ISBN 978-3-96050-139-8

»Grazie Roma @ schön, dass es E-Mails gibt«
Roman von Claudio Gallo, ISBN 978-3-96050-134-3

»Das Labyrinth des Narren«
Roman von Peter Dumat, ISBN 978-3-96050-095-7

Biografien

»Elisabeth Amandi. Die Biografie – Kreativität macht glücklich«
Von Yngra Wieland, ISBN 978-3-96050-123-7

Sachbücher und Ratgeber

"Increase your energy – Deutsche Erstausgabe"
Von Frederick Dodson, ISBN 978-3-96050-136-7

»KETOGA – Ketogene Ernährung und Yoga«
Von Fabrizio P. Calderaro, ISBN 978-3-96050-120-6

»2021 – Wer wir sind, wo wir stehen und wohin wir gehen«
Aktualiserte und überarbeitete Fassung von »2015«
Von Petra Liermann, ISBN 978-3-945509-31-9

Kinder- und Jugendbücher

»Acello und die Lichtkönigin«, Band 4 der »Acello«-Reihe
Von Mirjam Wyser, ISBN 978-3-96050-162-6

»Die Kristallkinder und das fliegende Auto«
Band 3 der »Kristallkinder«-Reihe
Von Mirjam Wyser, ISBN 978-3-96050-166-4